VOL AU-DESSUS D'UN NID DE FACHOS

Du même auteur

Le Roman de la présidentielle, Plon, 2001.
Chirac ou la victoire en pleurant, Ramsay, 2002.
Ma part d'inventaire, entretiens avec Marie-Noëlle Lienemann, Ramsay, 2002.

Frédéric Haziza

VOL AU-DESSUS D'UN NID DE FACHOS

Dieudonné, Soral, Ayoub et les autres

Fayard

Ouvrage publié sous la direction de Fabrice d'Almeida

Couverture : atelier Didier Thimonier ;
photo de l'auteur © Éric Fougère / VIP Images

ISBN : 978-2-213-68105-4

À mon père, Isaac Haziza, qui n'aimait pas cette France-là

Pour Majloch Lancner, mon grand-père déporté par le convoi numéro 6, mort à Auschwitz en juillet 1942

En mémoire d'Ilan Halimi, assassiné par des barbares

AVANT-PROPOS

Ce personnage en pyjama rayé de déporté que vous avez vu en rabat de la couverture, c'est moi. Un photomontage parmi d'autres qu'Alain Soral propose depuis plus d'un an sur son site Égalité et Réconciliation. Une véritable campagne antisémite et négationniste a commencé en novembre 2012 après mon refus d'inviter Soral sur le plateau d'une émission que j'anime sur la Chaîne parlementaire. Une campagne, des propos, des caricatures, des photomontages dignes des ligues de l'entre-deux-guerres, de la presse des années 1930 (*Je suis partout*, *Gringoire*), ou de cette exposition de propagande antisémite, *Le Juif et la France*[1], de sinistre mémoire, organisée par des Français vendus aux nazis. Plus de soixante-dix ans après, Soral, le gourou de la fachosphère, renoue avec cette tradition antisémite de la collaboration. Lui et ses affidés utilisent les mêmes images, les mêmes mots, les mêmes arguments, les mêmes stéréotypes. Ses

1. Du 5 septembre 1940 au 15 janvier 1942 au palais Berlitz, à Paris.

« expositions » n'ont pas lieu au palais Berlitz, puis à Bordeaux ou à Nancy, comme l'exposition précitée, mais sur le net. La Toile est son arme. Égalité et Réconciliation est l'un des premiers sites politiques et compte parfois plus d'un million de connexions pour des vidéos antisémites, négationnistes, homophobes et misogynes. Il défend des thèses social-nationalistes et se définit comme « national-socialiste ».

Cela fait plus d'un an que je suis devenu son « Juif » – pardon, son « sioniste » –, celui dont on se moque dans des clips vidéo, un « karaoké spécial Haziza » aux paroles très subtiles (« Ton étoile jaune sur ta peau / Tu n'as pas le Shoaaah ») accompagnées de hurlements contre la « toute-puissance du lobby juif ». Depuis des mois je subis insultes, menaces, diffusion de caricatures avilissantes ; mon compte Twitter est submergé de messages orduriers ; les amis de Soral créent en mon nom de faux comptes Facebook avec des insultes contre les « bandes de goys » en exergue ; près de 12 000 internautes sur le site de Soral signent une pétition réclamant mon licenciement de LCP pour cause de « tribalisme » juif ; mon nom, celui de mon père, celui de mon grand-père sont voués aux gémonies sur le net. Dans une vidéo publiée le 12 décembre 2012, Alain Soral me qualifie d'« escroc à la Shoah », mettant en doute la déportation de mon grand-père compte tenu de l'origine algérienne de mon nom. Il m'accuse d'avoir menti sur son assassinat à Auschwitz pour jouer sur la corde sensible et apitoyer les gens. Je n'ai pas voulu lui répondre pour ne pas me salir. Pourtant, il m'en a coûté. Ce livre est aussi et surtout une réponse à cette infamie.

Comme tout le monde j'ai deux grands-pères, un grand-père paternel et un grand-père maternel. Majloch Lancner, mon grand-père maternel, est l'un des 6 millions de Juifs victimes du nazisme. Sur le registre du mémorial de Yad Vashem[1], son nom figure sous la référence 5383096. Il est précisé qu'il a été assassiné le 7 juillet 1942 à Auschwitz, où il était arrivé par le convoi numéro 6 en provenance de Beaune-la-Rolande (Loiret).

Majloch Lancner était né le 5 mars 1900 à Varsovie, en Pologne. L'expression yiddish « Wie Gott in Frankreich leben » (« Vivre heureux comme Dieu en France », comprendre comme un Juif en France) ayant bercé sa jeunesse, enchanté ses rêves, façonné son être, il a choisi la France, en avril 1922, pour fuir la Pologne des pogromes. La douce France sera ainsi la nouvelle patrie de cet apatride jusqu'à sa déportation à Auschwitz. En arrivant à Paris par la gare de l'Est en ce printemps 1922, avec Fajga, sa femme, il s'agenouilla pour embrasser le sol de son nouveau pays : la France idéale, la France de la liberté, de l'égalité et de la fraternité. On lui refusera la nationalité française et

1. Le mémorial de la Shoah à Jérusalem.

pourtant, lors de la mobilisation générale du 1er septembre 1939, il décidera de s'engager dans une brigade de la Légion étrangère de l'armée française. Il voulait sauver sa patrie de cœur. Il voulait se battre pour la France. Il se passera ensuite moins d'une année entre sa démobilisation, à la fin du mois de juin 1940 à Septfonds (Tarn-et-Garonne), et sa convocation, le 14 mai 1941, en tant que Juif apatride, au commissariat de son arrondissement parisien. C'est ce que l'on appellera par la suite « la rafle du billet vert[1] ».

Il se rendra confiant et serein au commissariat du 13e arrondissement de Paris, situé passage Ricaut, après avoir fait un baiser – il ne savait pas que ce serait le dernier – à ma grand-mère Fajga, ma mère Huguette et ma tante Marguerite.

Soixante-dix ans après, sur le site de Soral, on me traite de « pleurnicheuse juive », de « rabbin du PAF », de « gangrène sioniste », de « tapineur israélien », de « pleureuse holocaustesque », de « journalope ». Des insultes qui circulent de site en site, qui sont vues des centaines de milliers de fois et qui finalement ont réussi à semer le doute. J'aurais menti, je serais un « escroc à la Shoah », je voudrais « comme Élie Wiesel, le CRIF[2], le lobby, tirer les larmes du

1. La « rafle du billet vert » fut organisée par la préfecture de Police avec l'accord de la délégation générale du gouvernement français dans la zone occupée et sur demande des autorités d'occupation : 3 747 Juifs étrangers (sur 6 494 convoqués) furent parqués dans les camps de Pithiviers et Beaune-la-Rolande, sous administration française.

2. Le Conseil représentatif des institutions juives de France.

goy pour lui faire les poches ». « Si les Allemands reviennent, ajoute Soral, pas sûr que je cacherai Haziza dans ma cave. » Les commentaires les plus atroces circulent : « Je pense avoir retrouvé votre grand-père mort à Auschwitz. En effet, un vide-grenier m'a permis d'acquérir une vieille lampe de chevet de marque allemande pourvue d'un abat-jour en cuir », « Tu n'as pas oublié ton tatouage sur le bras gauche avant de sortir », « Tu pleures encore, petit étron. Tu veux quoi, un chèque ? Allez, une douche et au four ! Euh, pardon, au lit… » Twitter est devenu le grand défouloir pour ces militants de la réhabilitation du IIIe Reich. Jusqu'à cent tweets antisémites et négationnistes par jour.

Cela fait plus d'un an que je cherche à comprendre. Pourquoi tout cela m'est-il arrivé ? Qui sont ces gens qui osent assassiner l'Histoire et la Mémoire ? Comment notre pays a-t-il pu en arriver là ? Comment la France peut-elle oublier sa propre histoire, celle de l'Europe, laisser de telles idéologies et de telles méthodes se répandre dans l'indifférence ? Comme toujours, l'antisémitisme est le thermomètre du mal-être des sociétés.

Mon enquête part de ce « test » pour repérer les nazis actuels. Ce livre ne concerne donc pas les seuls Juifs, mais l'ensemble des Français qui veulent comprendre la dérive idéologique à l'œuvre dans notre pays. Au demeurant, on constatera qu'au-delà d'un groupe c'est la question de l'inégalité entre tous qui est ici posée.

J'ai finalement identifié trois hommes, Alain Soral, Dieudonné M'bala M'bala et Serge Ayoub : Soral est l'idéologue, Dieudonné le propagandiste et Ayoub le milicien. Soral se prétend l'intello décomplexé. C'est aussi celui qui va chercher son argent en Iran pour financer en 2009 la liste antisioniste qu'il conduit avec Dieudonné aux élections européennes. Un Dieudonné qui, à travers son pseudo-humour, recycle les vieux démons et clichés antisémites et en crée de nouveaux comme le signe de la quenelle, ce salut nazi inversé, ou le terme de « Shoahnanas[1] » (« Chaud ananas ») : le négationnisme version Dieudonné. Quant à Ayoub, il a organisé les Jeunesses nationalistes révolutionnaires (JNR) comme une milice, qui défile en uniforme avec armes et emblèmes rappelant le fascisme.

Je suis bien conscient qu'il n'y a pas que l'antisémitisme. C'est vrai, le populisme gagne en Europe, le racisme n'est même plus un interdit, désormais il peut faire débat, être une opinion. Pis encore, il se trouve des personnalités politiques pour l'excuser alors que c'est un délit puni par la loi. Le politiquement correct n'est plus d'être contre le racisme, mais de comprendre les racistes. Le racisme a gagné du terrain après le 11 septembre 2001 et les Roms restent des parias en Europe. Mon

1. Dieudonné a été condamné le 28 novembre 2013 à 28 000 euros d'amende en appel pour diffamation, injure et provocation à la haine raciale pour ses propos et sa chanson *Shoahnanas* dans deux vidéos diffusées sur internet.

enquête m'a conduit à rencontrer des chercheurs, des hommes de l'ombre et des acteurs politiques, mais aussi un certain nombre de personnes naviguant autour de cette nébuleuse Soral-Dieudonné-Ayoub, cette fachosphère triomphante. Qu'est-ce qui les unit ? La haine viscérale du Juif et de l'homosexuel, les deux races maudites décrites par Proust dans *Sodome et Gomorrhe*. Mais ils ne supportent pas plus les femmes et encore moins les féministes. Trois obsessions qui les rapprochent des islamo-salafistes avec lesquels ils forment un axe brun-vert.

Je sors de cette enquête en constatant que la fachosphère n'est pas seulement limitée à internet. Elle constitue un milieu, c'est la vie de tous les jours, et c'est aussi la mort. En France, l'extrême droite a profité de la Manif pour tous pour occuper la rue, voire supplanter la droite. Les digues sautent depuis les unes après les autres. On dit que la parole se libère, en réalité elle s'avilit. La radicalisation du discours politique légitime le racisme. Gilles Bourdouleix, le maire (ex-UDI) de Cholet (Maine-et-Loire), ose affirmer qu'Hitler « n'aurait peut-être pas tué assez de gens du voyage ». Christiane Taubira, garde des Sceaux, est comparée à un singe par une candidate FN, exclue il est vrai quasi immédiatement de son parti. La ministre de la Justice est aussi traitée de « guenon » par une fillette lors d'une manifestation contre le mariage homo. Selon les derniers chiffres de la Commission nationale consultative des droits de l'homme (CNCDH), les actes racistes ont augmenté de 23 % en 2012. Un chiffre multiplié par cinq en vingt ans. La devise de la République, « Liberté, Égalité, Fraternité », est oubliée. Le racisme et l'antisémitisme prospèrent tandis que le chômage et la peur du déclassement poursuivent leur travail de sape.

Il faut écouter l'historien Pap Ndiaye quand il appelle à « restaurer un surmoi moral et républicain[1] », parce que toutes les strates de la société sont contaminées. Des banlieues et des jeunes des quartiers aux milieux intellectuels et médiatiques en passant par l'armée. Un nouveau fascisme à la française que le pouvoir surveille de près. Et pour cause, Jean-Marc Ayrault s'inquiète de ce qu'il appelle « une tentative de déstabilisation de l'État par l'extrême droite[2] ». François Hollande y voit pour sa part un « procès en illégitimité[3] ».

Les trois derniers présidents de la République ont chacun eu affaire à ces excités. De Chirac, victime d'une tentative d'assassinat, à Hollande, directement menacé, en passant par Sarkozy, insulté sans relâche. Il est temps de regarder cette menace en face et d'entraver sa progression.

1. *Le Monde*, 8 novembre 2013.
2. Entretien avec Jean-Marc Ayrault, le 7 octobre 2013.
3. Entretien avec François Hollande, le 19 novembre 2013.

Chapitre 1

CE QUE NOUS A APPRIS LA MANIF POUR TOUS

Aujourd'hui, en France, on peut être antisémite, on peut être négationniste et le clamer haut et fort. On peut reprendre la prose de la Russie des pogromes, de l'Allemagne nazie, de l'Espagne d'Isabelle la Catholique et de Torquemada. L'antisémitisme a désormais droit de cité, et ce dans l'indifférence, voire l'omerta générale.

Alain Soral, Dieudonné M'bala M'bala et Serge Ayoub sont-ils ici rapprochés par hasard ou pour les besoins de la démonstration ? Pas du tout. Des faisceaux d'indices convergent qui prouvent leur solidarité subversive. Soral et Dieudonné ont décidé de mener un combat en tandem contre ce qu'ils appellent la « tribu », le « système », le « lobby », la « Banque ». Autant de qualificatifs qui désignent les Juifs. Ils utilisent les mêmes phrases et partagent les mêmes mots d'ordre. Ils ont les mêmes obsessions.

Une véritable idéologie criminelle se déploie, relayée par les réseaux sociaux et une multitude de groupuscules néonazis, parmi lesquels les Jeunesses nationalistes révolutionnaires (JNR) et Troisième voie de Serge Ayoub, mouvements dissous après la mort de Clément Méric, à la suite d'une bagarre avec l'un des fidèles d'Ayoub, Esteban Morillo. Ces gens ont été programmés par des campagnes incessantes, haineuses, sur le net, dans la rue, dans des locaux décorés d'images douteuses. « Que se serait-il passé, s'interroge Robert Badinter, si Goebbels avait disposé du net avant la guerre[1] ? » « La mémoire et l'imagination suffisent à la réponse[2]. » Le net : le cœur du mal, le centre des ravages de la fachosphère, l'outil favori de ces esprits criminels. « Vous vous rendez compte, s'insurge Nathalie Kosciusko-Morizet, ancien secrétaire d'État à l'Économie numérique, si en France on essaye de faire la traque au révisionnisme et au négationnisme sur le net, aux États-Unis, où sont hébergés bon nombre de sites, on accepte toutes les dérives du net au nom de la liberté d'expression. Une grosse bite fait plus réagir les Américains quand ils la voient sur le net que les écrits antisémites ou négationnistes[3]. » Réaction sincère qui montre à quel point les néonazis franchissent les frontières pour diffuser leur poison en ligne.

1. Congrès de la Licra le 23 mars 2013.
2. Échange avec Robert Badinter le 7 décembre 2013.
3. Conversation avec Nathalie Kosciusko-Morizet le 1er août 2013 à Tel-Aviv.

La viande brune

Le constat est terrible, effrayant : c'est parmi les plus déshérités que se répand un antisémitisme couleur d'antisionisme et de complot juif. « Nous sommes dans une période sombre, s'insurge Robert Badinter, dans la mesure où s'est levée dans ce pays une passion xénophobe, raciste et antisémite. » En 1933, les Berlinois surnomment la SA (Sturm Abteilung[1]) les « Steak Abteilungen », c'est-à-dire les « Sections Bifteck ». Car le désir de se gaver de viande expliquerait les adhésions à un mouvement censé payer ses adhérents en période de chômage. Quatre-vingts ans après, cette viande nazie est devenue brun-vert. Deux couches complémentaires, nauséabondes, moisies, antirépublicaines. La couche brune : l'extrême droite. La couche verte : les islamo-salafistes. Avec en plus un condiment rouge qui s'est incrusté à l'intérieur, correspondant aux militants égarés de l'extrême gauche, obnubilés par le combat antisioniste qui les conduit à un antisémitisme pur et dur. Cette nébuleuse brun-vert n'a qu'une obsession : les Juifs.

Depuis des années, les responsables de tous bords prétendent qu'il n'y a pas là de danger, que ces gens sont inoffensifs, qu'ils utilisent la Toile ou la rue

1. Section d'assaut, en français.

comme un défouloir, qu'il faut les laisser s'exprimer au nom de la sacro-sainte liberté d'expression, parce qu'ils ne seraient que des illuminés, et sous contrôle. On oublie trop vite que la dernière tentative d'attentat contre un chef d'État vient de leurs rangs. Maxime Brunerie, qui a tiré au fusil sur le président Jacques Chirac, était issu de l'extrême droite identitaire. Quelle terrible erreur que de minimiser cela ! Ainsi la nouvelle peste brune est-elle parvenue à répandre, sinon à crédibiliser, un discours de haine, antisémite, négationniste et homophobe. La Norvège a pu faire l'amer constat de ce qui en résulte en regardant les cadavres des jeunes sociaux-démocrates assassinés le 22 juillet 2011 par Anders Breivik.

Le catalyseur de la Manif pour tous

Il y a quelque chose de pourri dans la société française. Tout a commencé dans l'apparente légèreté d'une protestation collective. Du 17 novembre 2012 au 26 mai 2013, des manifestations de grande ampleur rassemblent les opposants au Mariage pour tous. La droite a cru alors qu'elle maîtrisait totalement le mouvement. Ce n'était pas le cas. La mobilisation lui a échappé et elle a permis à l'extrême droite de revenir au cœur de la vie politique : l'ultra-droite a réussi à instrumentaliser la droite.

Une protestation sociétale venue de la France, la « fille aînée de l'Église », lui a permis de réinvestir le débat idéologique en renouant au passage avec les méthodes musclées et la nostalgie des années 1930. Le premier rassemblement a lieu le samedi 17 novembre 2012 à Paris. 70 000 à 100 000 personnes répondent à l'appel des organisateurs du collectif la Manif pour tous. Des défilés comparables ont lieu simultanément à Rennes, Metz, Nantes, Dijon, Bordeaux, Lyon, Marseille et Toulouse. L'égérie des anti-mariage gay, Frigide Barjot, est hissée au rang de star médiatico-politique. On vient manifester en famille, entre amis ou avec sa paroisse. L'ambiance est festive. Barjot et son équipe du collectif, en sweat-shirts à capuche rose, arborent fièrement des drapeaux tricolores et étendards, bleus, blancs ou fuchsia. Tout au long du mouvement anti-mariage gay, un leitmotiv : « Tous nés d'un homme et d'une femme », et un slogan : « Un enfant a besoin d'une maman et d'un papa ». L'Église est aux avant-postes. À Lyon, l'archevêque Philippe Barbarin s'invite « en tant que citoyen » au défilé qui réunit plusieurs dizaines de milliers de personnes. Le 14 septembre il a enflammé le débat en expliquant que le mariage gay déboucherait « sur des couples à trois ou à quatre. Après, un jour peut-être, l'interdiction de l'inceste tombera ». Inceste, polygamie : deux accusations qui seront ensuite reprises par les opposants au mariage pour tous.

Pour les militants de l'équipe Barjot, les manifestants croisés dans les cortèges de la Manif pour tous, voire certains politiques, le ton est donné. Toutes les outrances sont permises. L'homophobie n'est plus du tout considérée comme un délit : elle devient une opinion que l'on soutient fièrement et de façon grossière : la délicatesse ne sera pas le fort des participants de la Manif pour tous. Pour les musulmans, c'est le club de réflexion Fils de France, présidé par Camel Bechikh, qui mène la danse. Un homme qui revendique sa proximité avec les souverainistes de Nicolas Dupont-Aignan, affiche un patriotisme exacerbé et milite pour le protectionnisme et contre l'immigration. Bechikh est par ailleurs proche de la nébuleuse Soral-Dieudonné.

Le grand rabbin Bernheim a lui aussi rallié les anti-mariage homo. Le comble, c'est que son essai d'une quarantaine de pages contre le mariage homosexuel et l'homoparentalité[1], publié le 18 octobre 2012, n'est qu'un plagiat : Bernheim l'a rédigé à partir des écrits du prêtre catholique Joseph-Marie Verlinde[2] et de Béatrice Bourges, présidente du Collectif pour l'enfant, l'une des responsables de la Manif pour tous. Le grand rabbin devient ainsi pendant quelques mois le héros du pape et des

1. Le grand rabbin Bernheim sera cité par le pape Benoît XVI le 22 décembre devant la Curie romaine.

2. *L'Idéologie du Gender. Identité reçue ou choisie*, Le Livre ouvert, 2012.

catholiques français, avant d'être contraint d'abandonner sa charge au printemps suivant pour sa conduite de faussaire.

Entre-temps, la Manif pour tous a transformé Lyon, la ville mémoire de la Résistance, en berceau de l'extrême droite ultra, en creuset des extrémistes hostiles aux institutions. Et en renversant les mots, ils appellent sans honte à la « résistance » au mariage pour tous et à Hollande. Ils veulent prendre la capitale.

Le 18 novembre, ils organisent une manifestation d'un autre genre et d'une autre époque. C'est l'Institut Civitas, lié à la Fraternité sacerdotale saint Pie X, qui, en ce dimanche après la messe, bat le pavé parisien. Opposition au mariage pour tous et homophobie pure et dure. En tout, 9 000 militants de l'Alliance royale, de l'Action française, du Renouveau Français ou encore des Jeunesses nationalistes manifestent aux cris de « Oui à la famille, non à l'homofolie ». « En permettant le mariage homosexuel, déclare l'intégriste Alain Escada, le président de Civitas, on ouvre la boîte de Pandore, toutes les folies seront légitimées, comme le mariage polygame. » Bientôt, le dérapage verbal cède la place au passage à l'acte : en queue de cortège, une contre-manifestation déclenche des échauffourées. Une poignée de Femen, militantes féministes en culotte et torse nu, sont violemment prises à partie par des nervis fascistes. Coups de poing et de pied de ces hommes contre des femmes à la poitrine nue.

Parmi ces gros bras de Civitas, le colonel Gilbert Ruffier d'Épenoux : le sous-directeur des ressources humaines et financières à la Direction interarmées des réseaux d'infrastructure et des systèmes d'information, qui fut entre 2004 et 2006 le commandant du 8ᵉ régiment de transmissions de l'armée de terre. Ses « exploits » du 18 novembre, captés par un téléphone portable, feront le tour du net et remonteront jusqu'à sa hiérarchie.

Jean-Yves Le Drian a décidé depuis de le sanctionner en le sortant de la « liste des généraux ». En clair, ce colonel de l'ultra-droite achèvera sa carrière comme colonel et n'atteindra jamais le grade de général. La journaliste Caroline Fourest, reconnue dans le cortège des manifestantes féministes par des excités ultranationalistes, est tabassée. Depuis quelques années, elle est devenue la bête noire, le bouc émissaire, la cible des extrémistes de tout poil. Le « crime » de Caroline Fourest : être homosexuelle, en pointe dans le combat contre l'intégrisme, le racisme et l'antisémitisme. Un déferlement de haine homophobe qui prouve que les intégristes ont décidé de prendre la société en otage à travers des messages d'exclusion et de violence. Jour après jour, semaine après semaine, mois après mois, la Manif pour tous engrange les soutiens, multiplie les actions médiatiques et poursuit la mobilisation. Une mobilisation sans précédent depuis le mouvement anti-loi Savary et pour l'école libre de 1984. Manifestations décentralisées le 8 décembre. Rassemblement monstre à Paris le 13 janvier 2013 : 340 000 manifestants selon la police, 800 000 selon les organisateurs. L'agitation se poursuit.

En mars, c'est Dieudonné qui se joint aux anti-mariage homo en qualifiant l'ouverture du mariage aux couples de même sexe de « projet sioniste qui vise à diviser les gens ». Des centaines de milliers de personnes manifestent de nouveau à Paris le 24 mars. Au moins 150 000 répondent à l'appel de Frigide Barjot, le 21 avril, deux jours seulement avant le vote de la loi à l'Assemblée.

Et le 26 mai 2013, juste après la promulgation du texte, un dernier rassemblement regroupe dans la capitale 150 000 personnes selon la police, 1 000 000 selon Barjot.

Comment détourner un mouvement populaire ?

Au-delà des querelles statistiques, le mouvement a donc été populaire, très populaire. L'opposition a été largement plus importante en France que dans les autres pays européens où un débat similaire a eu lieu, que ce soit aux Pays-Bas, en Belgique, en Espagne, en Norvège, en Suède, au Portugal, en Islande ou au Danemark. Une telle agitation exprime une inquiétude, un ras-le-bol face à une loi pour les « bobos ». « Il y a un vrai ressort de la contestation dans le mariage pour tous, constate Ségolène Royal, quelque chose de profond s'est installé dans le pays. Notamment parce qu'on a mis toutes les Églises contre nous[1]. » Pour cette France des terroirs, catholique, en perte de repères, le changement législatif signe la fin d'une époque. Reste un constat ou plutôt un malaise : le mouvement de Frigide Barjot attire dans son sillon une multitude de groupuscules d'extrême droite parmi les plus violents, les plus fascistes, les plus racistes, les plus xénophobes.

À l'évidence, les militants du GUD (Groupe union défense), de l'Œuvre française, du Bloc identitaire ou encore de Génération identitaire, paradent au beau milieu des cortèges de la Manif pour tous. Un tabou a bel et bien été brisé. L'extrême droite antirépublicaine a pu, au fil des mois, manifester aux côtés de personnalités politiques républicaines respectables, respectées et pacifiques. Des extrémistes fanatiques des théories du IIIe Reich ont côtoyé des notables de province, des dignitaires et dirigeants de l'UMP, de l'UDI ou du Modem. L'extrême droite y a vu une sorte de légitimation. On a même pu voir, manifestation après manifestation, ces nervis d'un fascisme français renaissant narguer la police républicaine, notamment aux abords de l'Assemblée nationale, en effectuant des saluts nazis. Saluts nazis en guise d'opposition à

1. Entretien avec Ségolène Royal le 13 novembre 2013.

une loi de la République, tout simplement d'opposition à la République. Mais surtout, saluts nazis en guise de ralliement à la France collaborationniste, celle de la Milice française de Darnand qui liquidait les résistants. Un événement en particulier a montré la détermination de ces fanatiques. Lors de la manifestation du 24 mars, des débordements et des agressions contre les policiers avaient été prévus. Ces actes n'ont rien de spontané, comme l'ont affirmé haut et fort les responsables de la Manif pour tous. Des messages envoyés avant le rassemblement et postés sur le net prouvent le contraire.

Ce jour-là, les tenants du nouveau fascisme français ont voulu déborder le parcours de la manifestation pour accéder aux Champs-Élysées. Pourtant, l'avenue était interdite d'accès par le ministère de l'Intérieur et fermée par des barrières métalliques. Le secteur était quadrillé par les forces de l'ordre. L'objectif des manifestants : atteindre l'Élysée et lancer un printemps français en écho aux printemps arabes. La menace devait forcer le gouvernement à abandonner la loi Taubira. Alexandre Gabriac, conseiller régional d'extrême droite en Rhône-Alpes, fait partie du cortège lorsque les échauffourées éclatent. Gabriac, un vrai fasciste français exclu du Front national en 2011 à cause d'une photo où il faisait le salut nazi. Depuis, il a rejoint l'Œuvre française d'Yvan Benedetti, et en ce jour il devient la vedette des chaînes d'info en continu. On l'entend vociférer sur BFM-TV : « Ce n'était pas à Valls, à Taubira ou au préfet de décider si nous pouvions manifester ou non, et où nous pouvions manifester. Nous, nous voulions imposer l'adage qui veut que nous soyons maîtres chez nous. Par conséquent nous avons tenté de passer. » En fait, depuis plusieurs semaines, des appels étaient lancés sur les réseaux sociaux par des militants d'extrême droite pour mener le 24 mars une action d'ampleur, à la manière des ligues des années 1930. On peut lire sur la page Facebook du Printemps français : « Ce 24 mars, on ne vient pas seulement pour manifester, on vient pour occuper. » Au même moment circulait un mail encore plus explicite demandant aux manifestants de gagner les Champs-Élysées par tous les moyens : « Passez le mot d'ordre aux manifestants : arrivez de tous les côtés, par où vous semble bon, par où vous pourrez. Les forces de l'ordre seront prises en étau. Elles n'auront pas les effectifs nécessaires pour faire double front, ce sera inutile. Elles seront forcément débordées. »

Preuve s'il en était besoin qu'une action violente a bel et bien été orchestrée par des groupuscules espérant rejouer la partition du 6 février 1934, cette tentative de coup d'État des ligues crypto-fascistes. Et ce en dépit du vrai-faux malaise de Christine Boutin aux abords de la place Charles-de-Gaulle-Étoile, qui pendant des jours va dénoncer à longueur de tweets et d'interviews « l'usage des gaz lacrymogènes » sur elle-même, sur « des familles, sur des enfants et des élus ». Comble du ridicule, le 13 novembre 2013, elle apparaîtra les cheveux recouverts d'un voile bleu à la télévision iranienne pour dénigrer la politique de François Hollande. Les slogans entendus ce dimanche 24 mars n'ont du reste pas grand-chose à voir avec l'opposition au mariage gay. On entend plutôt des « Hollande démission » que des « non au mariage pour tous ». Mais, pis encore, les meneurs de cet assaut des Champs-Élysées ont imaginé leur action de manière très politique, voire machiavélique : il s'agit de mettre les enfants en avant. Ce mot d'ordre, qui circule au sein de la manifestation, sera ensuite confirmé via des vidéos postées sur le net. Il faut tenter à tout prix de déborder les forces de l'ordre en famille, avec enfants, parfois en bas âge sur leur poussette, pour offrir des images trash aux chaînes de télévision. Il s'agit de pouvoir ensuite déclarer devant les micros et les caméras : « Ils ont gazé nos enfants. » Une affirmation qui renvoie à la triste mémoire des camps d'extermination nazis, soit une véritable dénaturation du sens des mots, du sens de l'histoire. Les images victimisantes voulues par les agitateurs de l'ultra-droite sont reprises dans les journaux télévisés du dimanche soir, après être passées en boucle sur les chaînes d'info. Barjot et ses amis ont gagné la bataille de la communication. Manuel Valls tente de remettre les faits à leur juste place. En vain. L'image prime le reste.

« Il faut faire attention, la France est fragile et la France va mal », analysera François Hollande au soir de la manifestation, constatant qu'il « faut redonner espoir aux Français et être attentif aux signaux qu'ils envoient ». Du coup, consigne est donnée aux ministres par l'Élysée de rester mesurés sur le mariage homo. « Le texte a été voté à l'Assemblée, ajoute le président, il va être voté au Sénat, il n'est pas utile d'en rajouter en polémiquant. »

Jean-Marc Ayrault considère le 25 mars que l'opposition a instrumentalisé une provocation de groupuscules de la droite ultra (GUD et Identitaires) pour tenter de faire passer le gouvernement, le ministre de l'Intérieur Manuel Valls, les forces de police et lui-même pour des matraqueurs de femmes, de vieillards et d'enfants : « Ils voulaient organiser le désordre, résume-t-il, aller vers l'Élysée en forçant les barrages de police alors que l'on avait dit aux organisateurs que c'était impossible. Donc, quand j'entends Laurent Wauquiez parler de la volonté des forces de l'ordre du gouvernement de matraquer et d'envoyer du gaz sur des femmes qui poussaient des landaus ou Christine Boutin dire que la police l'a ciblée, je trouve cela scandaleux. C'est la France de droite qui manifestait. Et c'est la droite ultra qui était là pour provoquer les forces de l'ordre[1]. »

Au grand dam de l'Élysée et de Matignon, c'est un général à la retraite, Bruno Dary, un légionnaire

1. Conversation avec le Premier ministre le 7 octobre 2013.

vétéran de Kolwezi, ex-gouverneur militaire de la place de Paris (il présidait le défilé du 14 juillet 2012), qui est propulsé responsable de la logistique du collectif la Manif pour tous. Pour beaucoup, c'est un signe d'encouragement de voir un général cinq étoiles conseiller en logistique de « leur » mouvement.

Premier round le vendredi 12 avril. Plusieurs milliers d'opposants au mariage pour tous se retrouvent en début de soirée aux abords du Sénat, après que la Haute Assemblée a voté dans la matinée en faveur du projet de loi Taubira. Ambiance bon enfant au début du rassemblement. Brandissant leurs drapeaux roses et bleus, sifflets à la bouche, les manifestants défilent dans le Quartier latin aux cris de « François, ta loi, on n'en veut pas ! », « François, retire ta loi » ou encore « Hollande dictateur ! ». Frigide Barjot est là. Tout de rose vêtue. En cause ce soir-là, l'accélération de la procédure législative, qui va faire revenir le texte à l'Assemblée dès le 17 avril pour y être définitivement adopté. « Ça s'appelle un hold-up de vote, un déni de démocratie, déclare-t-elle au départ de la manifestation. Nous manifesterons jusqu'après la promulgation ! » L'égérie des anti-mariage homo appelle même ses troupes à rejoindre les partisans de Jean-Luc Mélenchon pour sa manifestation le 5 mai contre « l'austérité et pour un grand coup de balai », avant de déraper : « J'appelle au calme mais la violence vient du gouvernement [...]. À la violence il ne faudra pas s'étonner que réponde la colère ! »

Et très vite, à l'ambiance bon enfant du début de soirée succède l'action violente. Vers 22 heures, plusieurs centaines de manifestants – les meneurs appartenant à Civitas – tentent de gagner le Sénat aux cris de « Hollande démission ». Un peu plus bas, rue de Médicis, à deux pas du boulevard Saint-Michel, quelques dizaines de membres du mouvement extrémiste s'en prennent aux gendarmes mobiles qui répondent par des tirs de gaz lacrymogène. Le Quartier latin s'enflamme. Les extrémistes de la Manif pour tous s'attaquent pour la première fois à un symbole de la République : le Sénat. Et cette pente insurrectionnelle dénature le mouvement.

La radicalisation est sensible dans les attaques contre les homosexuels. Dans les journaux télévisés, on entend ces mots : « Vous savez, je ne suis pas homophobe, j'ai de très bons amis homosexuels, mais… » Comme on le disait avant guerre des Juifs, comme on le dit aujourd'hui de tout ce qui est différent : Arabe, Noir, Asiatique… Deux cents personnes se regroupent dans une ambiance certes plus calme devant le Panthéon, mais brandissant une banderole « Hollande, ne sois pas têtu », allusion au magazine emblématique de la communauté homosexuelle. Les derniers manifestants sont ensuite dispersés sans heurts. Mais cette soirée du 12 avril marquera le début d'une fuite en avant vers toutes sortes d'agressions malsaines contre les partisans de la réforme Taubira. Le dimanche 21 avril, députés de droite et d'extrême droite défilent à Paris derrière une même banderole déployée dans le cortège de la Manif pour tous : « Tous gardiens du Code civil ».

Les députés UMP Hervé Mariton et Patrick Ollier, l'ancienne ministre Christine Boutin, l'UDI Jean-Christophe Fromantin sont aux côtés du député frontiste Gilbert Collard et du secrétaire adjoint du FN Nicolas Bay. Si Ollier prend rapidement ses distances – « ça me dérange d'avoir Collard à côté de moi, car j'ai rien à voir avec le FN », écrit-il sur son compte Twitter –, ses collègues ne bronchent pas… ou si peu. Symbole d'une réelle proximité, le geste de Frigide Barjot qui va saluer les élus et fait même la bise au député FN Gilbert Collard. Onze ans, jour pour jour, après le 21 avril 2002, une digue semble tomber entre la droite et l'extrême droite. Dans les semaines qui ont précédé, il est vrai que d'autres petits signes de rapprochement ont été perçus. Comme cette proposition de loi sur la reconnaissance du génocide vendéen, cosignée par Lionnel Luca (UMP) et Marion Maréchal-Le Pen (FN) en janvier 2012. Ou ces applaudissements épars venant des bancs de l'UMP à l'Assemblée quand la jeune députée FN du Vaucluse pose le 19 mars sa première question au gouvernement. Des petits signes provenant de la base, souvent d'élus du sud de la France où la porosité entre électorats FN et UMP est forte. À un an des municipales, chaque voix gagnée est bonne à prendre. Finalement, le mardi 23 avril, le projet de loi Taubira est adopté à l'Assemblée nationale. Une Assemblée en état de siège ce soir-là : après que l'ordre de dispersion de la manifestation réduite à 3 500 personnes a été donné, 500 radicaux sont restés sur l'esplanade des Invalides.

Certains, masqués ou encagoulés, provoquent CRS et gendarmes mobiles, retranchés derrière des grilles fixées à des camions antiémeutes. Pétards, bouteilles, pavés et autres projectiles sont lancés en grand nombre sur les forces de l'ordre, qui répliquent par de longs jets de gaz lacrymogène. Ce soir-là, comme lors des autres manifestations, on voit sur les images de télévision une partie de ces manifestants et des casseurs faire le salut nazi en guise de signature politique.

Le feuilleton n'est pas encore fini quand la loi est validée, le 17 mai 2013, par le Conseil constitutionnel, promulguée le lendemain par le président de la République et publiée au *Journal officiel*. La manifestation nationale du 26 mai est maintenue, qui débouche dans la soirée sur des heurts violents entre opposants d'extrême droite au mariage pour tous et forces de l'ordre. Slogans violents, jets de bouteilles, de barrières métalliques, voire de pavés sur les policiers et les journalistes, agressions de passants. Les incidents débutent dès 20 h 30, à l'entrée de la rue de l'Université qui conduit à l'Assemblée nationale. « Ça va péter, ça va péter », « Dictature socialiste », « Hollande démission ! » ou encore « Journalistes collabos », scandent les manifestants-casseurs. On distingue encore ce soir-là sur les images des chaînes d'info des manifestants faisant le salut nazi face aux forces de police de la République. Et pour bien se faire comprendre, ils joignent la parole au geste : « La France aux Français ! » ou « Police et journalistes, à la solde de la juiverie internationale », font partie de leurs slogans.

« Il y avait beaucoup de factieux dans ces groupes d'extrême droite, confiera François Hollande, des antirépublicains qui cherchent à casser la République. On a vu, sur l'esplanade des Invalides, 300 types encagoulés avec des drapeaux vendéens défier les forces de l'ordre de manière très violente. Cela fait des années que l'on n'avait pas vu cela et ce que je ne comprends pas, c'est que la droite républicaine joue avec le feu et avec ces gens-là. » Car, bien qu'elle ait été adoptée, validée et promulguée, un certain nombre d'élus de la République, en tête desquels Henri Guaino, l'ex-conseiller de Nicolas Sarkozy, vont néanmoins clamer de média en média que cette loi ouvrant le mariage aux homosexuels est une honte, que le Parlement aurait commis « une espèce de coup de force, un abus de pouvoir », et qu'il n'était « pas légitime » d'aller jusqu'au terme de ce processus législatif.

L'attitude de Guaino est considérée comme « scandaleuse » par le président de la République. « On a entendu, ajoute-t-il à l'Élysée, des députés dans l'hémicycle parler de la violence légitime des manifestants, évoquer non pas les forces de police mais "la police de Valls". Des gens comme Henri Guaino ont eu un comportement de factieux et ont tenu de véritables discours factieux. » Une allusion notamment au fait que les opposants au mariage homosexuel parlent désormais de « résistance » au régime « fasciste » de Hollande et à sa « police politique ». « Les opposants au mariage homosexuel sont-ils les héritiers du gaullisme et de la Résistance ? » demande Jean-Pierre Elkabbach à Brice Hortefeux le 27 mai sur Europe 1. Réponse de l'ancien ministre de l'Intérieur : « Si vous considérez comme moi que le gaullisme, c'est la résistance, alors oui, ceux qui ont défilé dimanche sont les héritiers de De Gaulle. » Bel exemple de déformation d'un héritage politique.

Les loups vêtus de noir ont tenté de prendre d'assaut la capitale. Grâce aux manifestations homophobes, les antisémites de la droite radicale se sentent désormais dans le sens de l'histoire et n'hésitent plus à laisser libre cours à la diffusion de leurs idées criminelles.

Chapitre 2

LES LOUPS SONT ENTRÉS DANS LA VILLE

Ce dimanche 12 mai 2013, il est un peu plus de 10 heures en cette matinée ensoleillée quand un groupe d'hommes vêtus de noir de la tête aux pieds se rassemble place de la Madeleine à Paris. L'extrême droite a ses rituels, cette manifestation en fait partie : c'est le défilé en l'honneur de Jeanne d'Arc. Plusieurs cortèges distincts doivent converger vers la place des Pyramides pour rendre hommage à « sainte Jeanne d'Arc » devant la statue équestre de la Pucelle d'Orléans. Les Jeunesses nationalistes, les militants du Renouveau français, les traditionalistes d'ultra-droite de Civitas, les pétainistes de l'Œuvre française, les skinheads de Serge Ayoub, les étudiants du GUD ou les royalistes de l'Action française entonnant chants patriotiques et religieux sont de la fête.

Les militants qui se sont regroupés place de la Madeleine sont ceux de la Troisième Voie et des JNR, les Jeunesses nationalistes révolutionnaires. Chaussures noires, pantalon noir, bomber noir, crâne rasé, tatouage dans le cou : ce groupe de poètes se met en rangs serrés, bras tendus à la manière d'un salut nazi. En passant par hasard en voiture devant ce groupe de nostalgiques de la France collabo, je commence à prendre quelques photos avec mon téléphone. Je décide de me garer et de continuer mon travail de journaliste. Je sors de ma voiture. Je traverse le boulevard de la Madeleine pour observer au plus près ces quelques dizaines d'hommes en noir.

Me viennent en tête les couplets et la musique de cette chanson interprétée par Serge Reggiani, *Les loups sont entrés dans Paris* : « Cent loups / Cent loups sont entrés dans Paris / Soit par Issy, soit par Ivry / Cent loups sont entrés dans Paris / Cessez de rire, charmante Elvire / Cent loups sont entrés dans Paris. »

Oui, je vois à quelques mètres de moi une bande de loups de la pire espèce. Des loups noirs que je photographie comme par instinct. Parce que je veux garder une trace de ce rassemblement de nazis au centre de la capitale.

Sous mes yeux, les rangs se forment. Des drapeaux tricolores se dressent derrière des devises nationalistes, des drapeaux noirs avec deux mots, « Europe » et « Identité », et l'emblème rouge et noir de leur mouvement : Troisième Voie et JNR. Je vois aussi des banderoles, « Peuple et Patrie », « Union sacrée des patriotes français », « La France aux Français ». Je continue à prendre des photos. Les jeunes gens devant moi ont des airs de miliciens. De cette milice voulue par Laval pour fournir des supplétifs à la SS. Naguère, ils ont traqué les résistants et les Juifs. Aujourd'hui encore, les néonazis ont le culte de la race supérieure, le culte de la barbarie, le culte du chef. Et leur chef est là, devant moi. Il passe en revue « ses » troupes. À ses côtés, un géant tatoué, au physique sorti d'un ring de catch, vraisemblablement son homme de main, son garde du corps.

Au-dessus d'eux, une affiche du film *Beautiful Bastard* est comme un reflet ironique. Un vrai décor de film… d'horreur. Le chef en question, c'est Serge Élie Ayoub, alias Batskin.

Sur l'une des photos prises ce jour-là, Ayoub échange quelques mots avec l'un des porteurs de drapeaux des JNR. Ce dernier est lui aussi vêtu d'un bomber noir, main droite dans la poche de son pantalon, une chaîne de mailles argentée en dépasse. Il a un large sourire, comme illuminé. L'expression d'un adepte du culte du chef dans toute sa splendeur.

Ce que je ne savais pas ce 12 mai et que j'ai appris au cours de mon enquête, c'est qu'Ayoub est sous surveillance étroite des services de police depuis des années. Une attention qui s'est intensifiée après le massacre commis le 22 juillet 2011 en Norvège par Anders Behring Breivik. Les services norvégiens demandèrent alors à leurs homologues français de leur fournir des informations sur les identitaires français pour tenter de savoir si un lien pouvait être établi entre Breivik et l'ultra-droite française. « Alors que depuis une dizaine d'années, me dévoile un inspecteur général de la police nationale, l'un des plus hauts responsables du renseignement français entre 2007 et 2012, notre travail portait essentiellement sur l'islam radical, à partir de cette date le focus a été mis sur Serge Ayoub et son groupe. » C'est ainsi que la Direction des renseignements de la préfecture de Police (DRPP) est chargée de suivre à la trace les déplacements, les contacts et la prose d'Ayoub sur le net. Deux ou trois fois par mois, un dossier le concernant parvient à la haute hiérarchie policière qui l'adresse ensuite à ses correspondants à l'Élysée, à Matignon et place Beauvau.

La mort de Clément Méric

Ces photos prises le 12 mai, je les garde en mémoire. Et je réaliserai quelques semaines plus tard, après la mort de Clément Méric, que ce militant apparaissant sur l'une des photos, qui entretenait visiblement des relations amicales avec Ayoub, est un certain Esteban Morillo. La preuve flagrante qu'Ayoub ment quand il dit ne pas le connaître. Si Morillo était au premier rang de ces nazillons, ce n'était pas par hasard. Si Morillo est accusé de la mort de Méric, son chef Ayoub peut-il être exonéré de toute responsabilité ?

Ce 12 mai, le rassemblement des JNR place de la Madeleine passera inaperçu. On retiendra surtout de cette journée l'apparition torse nu de quatre militantes des Femen sur un balcon de l'hôtel Régina surplombant la statue de Jeanne d'Arc, place des Pyramides.

Le néologisme « sextermination » inscrit au feutre sur leurs bustes nus, les quatre jeunes femmes déploient une grande banderole rouge sur laquelle il est écrit « sextermination for nazism » et « neofeminism is watching you » (le néoféminisme vous regarde), avec un dessin représentant des femmes torse nu brandissant le poing. Des fumigènes sont allumés sous les huées et les insultes de plusieurs centaines de militants d'extrême droite regroupés sur la place : « Femen au bûcher » ou « Femen salopes », puis « Police complice ».

Un cordon de CRS est rapidement mis en place au pied de l'hôtel pour en barrer l'accès aux militants excités. Après avoir passé près d'une demi-heure au balcon, les jeunes femmes sont évacuées une par une, via la grande échelle d'un camion de pompiers. Au bas de l'hôtel, parmi ceux qui voulaient en découdre, il y avait Esteban Morillo, 20 ans. Ce jour-là, les CRS ont pu éviter le pire.

Trois semaines plus tard, le mercredi 5 juin, rue Caumartin dans le 9e arrondissement de Paris, au sortir d'une vente de vêtements de la marque Fred Perry, Clément Méric, 18 ans, un frêle jeune homme, un brillant étudiant qui sort à peine d'une leucémie, sera battu à mort. Une bagarre entre deux bandes. La bande de Morillo et ses six amis skins face à celle de Méric et ses trois compagnons « antifas ».

Fachos contre gauchos. La bagarre débute très précisément à 18 h 43 et 25 secondes devant l'église Saint-Louis-d'Antin. C'est ce qu'indique le lieutenant de police Sophie B. qui a décrypté la bande de la caméra vidéo C44 située à l'entrée « rue Caumartin » de la gare Haussmann-Saint-Lazare. Huit secondes plus tard, à 18 h 43 et 33 secondes très précisément, le lieutenant ne peut que constater en regardant la vidéo qu'« une masse sombre » est tombée à terre.

Il s'agit « probablement de Clément Méric ». Le jeune homme décédera des coups qui lui ont été portés. Selon le rapport d'autopsie, ce sont ces coups à la tête qui ont entraîné la mort du jeune Clément et non le choc quand il est tombé sur le trottoir.

Dans la soirée, Morillo et Dufour, les deux militants des JNR devenus les meurtriers présumés de Méric, accompagnés de leurs amies Lydia Da Fonseca et Katia Veloso, se retrouvent au Local, le bar de Serge Ayoub, où ils croisent leur chef. « On est partis boire une bière dans le Local de Serge, on peut se retrouver là-bas », déclare Morillo aux juges Carole Vujasinovic et Brigitte Jolivet le 29 juillet. Dans la nuit, Batskin passera sur son portable un coup de fil à Esteban pour lui annoncer la « mort cérébrale » de Méric et lui demander de se rendre à la police – preuve que, contrairement à ce qu'il affirme dans le procès-verbal du 7 juin, au cours de son audition par un commandant de police du 1er district de police judiciaire, Ayoub sait que Morillo appartient aux JNR.

La suite, on la connaît. Huit personnes sont placées en garde à vue dès le jeudi matin. Trois seront relâchées le vendredi après-midi. Cinq y seront maintenues. Toutes gravitent autour de Troisième Voie et des JNR d'Ayoub. Lequel, entendu par la police le 7 juin, rejette la responsabilité de la bagarre sur l'extrême gauche. D'abord au cours de son audition et ensuite dans les médias, il livre même aux journalistes un récit détaillé de la scène de crime, expliquant qu'il avait eu le temps de se renseigner.

Dès le jeudi, Ayoub multiplie les interviews pour dénoncer « un vrai lynchage » contre les skinheads interpellés. Il se dit « triste », « révolté » et prend de média en média la défense de ses militants. Certaines de ces interviews sont réalisées dans le cadre de son bar du 15e.

Devant lui, une pile de magazines est placée en évidence : des exemplaires de la revue *Le Lys noir*, dirigée par un certain Rodolphe Crevelle, dans l'environnement des JNR depuis près de vingt-cinq ans, qui appelle ouvertement à un coup d'État.

Le 11 juin, Ayoub dénonce sur le site d'extrême droite ripostelaique.com une nouvelle affaire Dreyfus. Le 12 juin, *Le Canard enchaîné* publie une des photos que j'ai prises le présentant face à Esteban Morillo. Une conclusion s'impose : la proximité entre les deux hommes est flagrante. Un jeune homme de 20 ans venait de mourir et on donnait la parole à la télé, dans les radios, dans la presse écrite, à Batskin, le chef de son bourreau présumé. Et pas un journaliste pour préciser à qui nous avions affaire. Était-il raisonnable de laisser ainsi salir la mémoire de Clément Méric, décrit par Ayoub comme « un chasseur de skins embrigadé » ? Était-il raisonnable de laisser le bourreau en chef insulter la victime ?

Ayoub tente de passer pour un agneau et de faire passer ses militants pour d'innocentes brebis. Dans une vidéo mise en ligne fin juillet, et toujours diffusée par YouTube, Serge Ayoub dialogue pendant près d'une demi-heure avec Dieudonné et reprend cette infâme comparaison : Esteban Morillo serait le « capitaine Dreyfus » de 2013. Et Ayoub ne s'arrête pas en si bon chemin : il est l'animateur de la campagne de soutien au « jeune patriote emprisonné » Esteban Morillo.

Fin juillet, devant les juges Brigitte Jolivet et Carole Vujasinovic, en charge du dossier Méric, Morillo refuse comme les quatre autres accusés mis en examen de se revendiquer d'une quelconque mouvance d'extrême droite, raciste ou fasciste. Il porte pourtant des traces de cet engagement néonazi sur son propre corps – toute une série de tatouages comme les « patriotes » des JNR : le trident de Troisième Voie sur la poitrine et la devise « travail-famille-patrie » à l'intérieur de l'un de ses avant-bras. Devant les juges, il dira avoir fait ça quand il était « très jeune, à 17 ans », qu'alors il ne « savait pas ce que cela voulait dire » mais trouvait que « la devise était belle ».

Même attirance pour le nazisme chez Samuel Dufour, soupçonné d'avoir donné l'un des coups mortels à Méric et écroué lui aussi. Sur une clé USB saisie chez lui, les enquêteurs ont découvert un faisceau d'indices : un portrait du Führer, les photos d'une croix gammée, du White Power, d'un tatouage skin et… une carte de France avec le sigle du FN. Le 2 août, Dufour se justifie devant ses juges : « Quand on tape Hitler sur internet, on tombe sur tout cela. » Une allusion à des recherches « sur la Seconde Guerre mondiale » qu'il aurait faites sur Google. Comme Morillo, Dufour garde sur son corps des traces indélébiles de son engagement néonazi : le « Sang et Honneur » tatoué sur son bras, nom d'un mouvement néonazi qui propage les idées fascistes et racistes du mouvement White Power. Il a aussi une croix celtique, emblème des mouvements identitaires (Œuvre française, GUD, etc.), « un symbole, dit-il aux deux juges, de la vie et de la course au soleil ».

Ayoub, qui refuse de se voir traiter de « nazi » ou de « national-socialiste », a donc formé une armée de brutes épaisses disposées au pire et capables de tuer.

93, RUE LAURISTON

Défendu initialement par David Dassa-Le Deist, une connaissance d'Ayoub proche de la mouvance identitaire, Esteban Morillo, qui veut « se démarquer » du chef des JNR, change d'avocat en septembre 2013 et choisit maître Patrick Maisonneuve. « Ayoub aurait été rue Lauriston en 40[1] », estime ce ténor du barreau plutôt étiqueté à gauche. C'est au numéro 93 de cette rue que la Gestapo française de Bonny et Lafont, aux ordres des nazis, effectuait ses basses besognes. Tortures, meurtres, extorsions, dénonciations étaient le quotidien de la « rue Lauriston ». C'est d'ailleurs Ayoub qui assimilait en 1989 les skins aux Sturm Abteilungen de l'Allemagne nazie : « Les SA sont un ordre terrien. Ils boivent, vivent ensemble et foutent le bordel, comme nous », se rengorgeait-il.

Le décor de son bar associatif est sans ambiguïté : Bernard-Henri Lévy y est caricaturé en diable piétiné par un garde prétorien, Emmanuelle Béart – soutien des sans-papiers – s'y fait violer, et Simone Veil fait mijoter des bébés dans un chaudron. Pour Ayoub, « c'est de l'art et c'est marrant ». Aux murs figurent aussi les portraits des « grands hommes de l'histoire de France » en qui il se reconnaît : Robes-

1. Entretien avec maître Maisonneuve le 9 octobre 2013.

pierre, Maurras, Jaurès, Clemenceau, Proudhon, Sorel, Le Pen…

Ayoub, l'homme en noir, débute son parcours de chef skin en 1987, l'année où il lance les JNR. Un an plus tôt, il a prévenu dans un reportage sur TF1 : « La violence est un moyen d'expression. Les communistes, les capitalistes ont la radio, la télé, les journaux, nous, on a nos poings avec nous, voilà pourquoi on aime la violence. » Au même moment, il se rapproche de l'ancien Waffen-SS français Pierre Bousquet : ancien caporal (*Rottenführer*) de la 33ᵉ division de grenadiers SS Charlemagne, membre de la *Kampfschule* de Wilhelm Weber, il fait partie des 300 Français qui combattirent les Russes en avril 1945 à Berlin. Il est en outre l'un des fondateurs en 1983 du Parti nationaliste français (PNF).

Avec Michel Drac, Ayoub tente le lancement d'une revue, *Le Minotaure*, dont ne sortent que deux numéros. Dans le second, consacré à « la violence », son édito contient cette phrase : « La violence, loin d'être cette plaie de l'humanité comme on nous en rebat souvent les oreilles, en devient le moteur. »

Ayoub est au cœur des réseaux d'extrême droite et skins depuis le début des années 1980. Kerhuel et Giraud, deux partisans du White Power, deviennent ses lieutenants aux JNR. Kerhuel affirme même avoir adhéré aux JNR parce qu'il était « un ami de son dirigeant Serge Ayoub ». Le trio fait le coup de poing contre les étrangers, allant jusqu'à bastonner en avril 1990 une bande de « zoulous » boulevard Saint-Michel à Paris, devant une caméra de télé de la Cinq de Berlusconi. Pour bien cadrer avec le décor, Kerhuel a baptisé son fils Heinrich, comme Heinrich Himmler, chef de la SS et principal responsable de la solution finale[1]. « Aux JNR, se réjouit Giraud, on pouvait se permettre d'avoir une connotation raciste (sic)[2]. »

Le lourd pedigree de la bande d'Ayoub

Les loups noirs avaient déjà tué avant le 5 juin 2013 et le meurtre de Clément Méric. La vie d'Ayoub a d'ailleurs bien failli basculer en octobre 2000, à cause d'un meurtre commis par ses deux fidèles lieutenants, Giraud et Kerhuel. Dix ans plus tôt, le 18 juin 1990, James Dindoyal, un jeune Mauricien de 24 ans, avait été contraint à boire un mélange de bière et peroxydase (produit pour décaper les moteurs) à base de soude caustique, avant d'être jeté d'une digue de la plage du Havre dans la mer.

Dindoyal arriva à échapper à la noyade mais mourut le 3 juillet suivant au centre hospitalier Jacques-Monod de Montivilliers après d'atroces souffrances et une longue agonie. Il fallut huit ans

1. Heinrich Himmler, l'un des plus hauts dignitaires du IIIe Reich, était le maître absolu de la SS (*Reichsführer-SS*).
2. *Libération* du 18 octobre 2000.

et un concours de circonstances à la police, puis à la justice, pour retrouver les meurtriers, les juger et les condamner. Serge Ayoub, qui avait été mis en examen et placé sous contrôle judiciaire pour « complicité d'empoisonnement » entre le 8 juillet et le 3 novembre 1999 dans cette affaire, échappa à la condamnation. Lors de sa mise en examen, le 8 juillet 1999, il se dit incapable de préciser si, le 19 juin 1990, il était avec Kerhuel. Sous le coup d'un mandat d'amener en tant que témoin de la cour d'assises, il vint expliquer à l'audience qu'il était dans l'avion pour Tokyo ce soir-là. Bien que les attestations présentées par Batskin devant le tribunal ne démontraient pas formellement sa présence au Japon, les preuves manquaient pour faire de lui le troisième homme du meurtre raciste. Il aurait perdu son passeport depuis.

Kerhuel, qui avait déclaré avoir passé la soirée du 18 au 19 juin 1990 avec le chef des JNR à Paris, voit alors son argumentation s'effondrer. Ayoub n'a pas fourni l'alibi qu'il attendait. Bien au contraire, il le charge : « Régis (Kerhuel) est un homme emporté, pas un raisonné. Pareil pour Giraud. Ils auraient tué d'un coup de marteau ou de canette, tout à fait d'accord. Mais jouer aux petits chimistes… » Tous deux prendront vingt ans de réclusion criminelle.

Six ans plus tôt, le 19 janvier 1994, Ayoub avait été condamné avec Joël Giraud, le meurtrier du Havre, et Éric Rossi, futur fondateur de la revue

Réfléchir & Agir, à huit mois de prison avec sursis après l'attaque d'un groupe de jeunes le 22 avril 1990. Il y a aussi cet épisode judiciaire de 1997 : le 27 mars, Ayoub est arrêté pour possession et vente de drogue, des stéroïdes, de l'ice[1] et plus précisément de la méthamphétamine d'origine japonaise. Il est incarcéré quelques mois à Fleury-Mérogis. Après sa sortie de prison, il choisit de quitter la France pour l'étranger et voyage notamment au Japon, en Colombie, au Venezuela, à San Salvador. En termes de profilage, son comportement s'apparente à celui d'un récidiviste. Côté « politique », Ayoub est depuis ses débuts le porte-parole de l'extrême droite la plus radicale. Le 5 mars 1993 les JNR organisent à Vitry-sur-Seine un meeting politique intitulé « Les Nouveaux Barbares », où se rassemblent des skinheads néonazis venus d'Allemagne et d'Italie, ainsi que des représentants du mouvement néonazi Blood & Honour. Le 7 mai 1994, le mouvement appelle à un rassemblement aux côtés du GUD et de l'Œuvre française pour dénoncer la commémoration du débarquement des Alliés en 1944 – le Débarquement étant considéré non comme une libération mais comme une invasion. Surtout, entre 1992 et 1994, les JNR participent de manière régulière, parfois aux côtés du GUD dirigé alors par Frédéric Chatillon, au service

1. La méthamphétamine est une drogue de synthèse psychostimulante hautement addictive. Elle provoque une euphorie et une forte stimulation mentale.

d'ordre du Front national, comme par exemple lors du meeting du Zénith à Paris en 1992.

NOSTALGIE BRUNE

Quelques années plus tôt, en 1985, Batskin fonde officiellement le Klan (appelé aussi Nazi Klan) à partir d'Evil Skins (lancé en 1983), un groupe de hard rock de la mouvance skin dont Régis Kerhuel est le bassiste. La chanson fétiche du groupe porte un titre évocateur : *Zyklon Army*. Le génocide des Juifs comme étendard avec des paroles sur mesure chantées devant des drapeaux du IIIe Reich. Extraits : « Siege, siege, siege, sieg Heil… Oui, nous sommes la Zyklon Army. L'armée des skinheads. La guerre et la mort ne nous font pas peur. Pensez à Rudolf Hess. SS ! Écoutez tous ceux qui s'opposent à nous. Le Führer est de retour. On va rallumer les fours, dérouler les barbelés et préparer le zyklon B. » Autres preuves en paroles de la poésie du groupe d'Ayoub : « Nous vous déclarons la guerre. Votre putain de vie, désormais, ne sera plus qu'un calvaire. Pour pouvoir vous en tirer vous aurez besoin de chance. Sans vouloir vous démoraliser. Toutes nos condoléances. » En mai 1985, Ayoub et les siens font une apparition lors du défilé de Jeanne d'Arc, avec une pancarte « Les Amis de Barbie », en référence à l'ancien SS Klaus Barbie.

Ils manifestent aux côtés de membres du Kop de Boulogne, dont certains font aussi partie du FNJ. Barbie vient d'être arrêté en Bolivie et transmis aux autorités françaises, avant d'être emprisonné notamment à la fameuse prison de Montluc. L'année suivante, en 1986, lors des mouvements étudiants contre le projet de loi Devaquet, Ayoub et son Klan s'associent au GUD pour attaquer cette fois les fins de cortèges étudiants.

Au milieu des années 2000, Serge Ayoub essaie de se lancer dans les affaires. Il choisit les bars. Il ouvre d'abord Paris-Montmartre dans le 2e arrondissement de Paris, puis Le Garage, rue Saint-Maur, dans le 11e. Le voilà ensuite présent les 8 et 9 septembre 2007 à la première université d'Égalité et Réconciliation (E & R) d'Alain Soral. Ce dernier lui propose alors d'ouvrir un local associatif pour Égalité et Réconciliation, avec le soutien financier de Frédéric Chatillon, Gildas Mahé et Philippe Péninque. Ce sera Le Local, dans le 15e arrondissement de Paris. Une association avec Soral qui fait long feu. Les JNR de Batskin n'appréciant pas vraiment les militants arabes d'E & R, Le Local deviendra ainsi le bar associatif d'Ayoub qui, à ce titre, n'est pas assujetti à l'impôt sur les sociétés. Pourquoi se comporter en bon citoyen ? Son bar va devenir au fil des années le lieu de rendez-vous favori de la fachosphère. Le plus important est que ce lieu est désormais incontournable pour l'extrême droite. Tout le monde y est passé, y passe, y passera, des royalistes aux nationalistes-révolutionnaires en passant par des conspirationnistes en tout genre, jusqu'aux cadres du Front qui y tiendront table ouverte régulièrement.

Même Marine Le Pen y fera une apparition en 2007 lors d'une soirée de Fdesouche.com (pour « Français de souche »), un site dont la portée raciste n'est plus à démontrer. Le 21 juin 2012, à partir de 19 h 30, c'est son ami Rodolphe Crevelle qui vient tenir une conférence au nom du *Lys noir* sur le thème de « l'anarcho-royalisme : un combat anthropologique ». Tout un programme ! Ayoub a réussi à faire de cet endroit un lieu de rencontre et de réunion des fraternelles d'extrême droite et de néonazis. Il est considéré par les autorités comme étant quelqu'un de « violent », coupable « d'activités louches et dangereuses », et un individu ayant la « capacité d'organiser, de diriger, de motiver ». Au fil de ce parcours de trente ans, Ayoub a touché à tout : au hard rock, au porno, quand il était le compagnon de Tabatha Cash, une star du X, et aux « affaires ». Affaires qui le conduiront en prison. Et puis, comme la plupart de ces militants et dirigeants de l'ultra-droite, il se rapproche de la Syrie de Bachar el-Assad et de l'Iran d'Ahmadinejad. Le 11 février 2011, il assiste ainsi à la réception organisée à l'ambassade d'Iran à Paris pour le 32ᵉ anniversaire de la révolution islamique – un détail qui n'a pas échappé à la DCRI. Finalement, le 10 juillet, Troisième Voie, le groupe d'extrême droite d'Ayoub, son service d'ordre, les Jeunesses nationalistes révolutionnaires, ainsi que l'association Envie de rêver, gestionnaire du Local, le lieu de ralliement de cette mouvance rue de Javel à Paris, sont dissous, un décret en Conseil des ministres considérant que « ces trois entités propagent une idéologie incitant à la haine et à la discrimination envers les personnes en raison de leur non-appartenance à la nation française et de leur qualité d'immigrés ».

Le 24 juillet, la dissolution frappera deux autres groupuscules de l'ultra-droite : les Jeunesses nationalistes d'Alexandre Gabriac, conseiller régional de Rhône-Alpes, ex-FN, et l'Œuvre française d'Yvan Benedetti – deux mouvements qui ont pris une part active, notamment dans la région lyonnaise, au mouvement anti-mariage pour tous. On a vu aussi les militants de Gabriac et Benedetti s'illustrer dans des opérations coup de poing (parfois en compagnie de militants du GUD) destinées à dénoncer pêle-mêle la finance, l'homosexualité, l'immigration ou les médias. Les dissolutions sont justifiées, selon le ministère de l'Intérieur, comme pour les groupuscules d'Ayoub, par des « actes qui mettent en cause l'intégrité de la République en propageant une idéologie incitant à la discrimination, à la haine ou à la violence envers une personne ou un groupe de personnes en raison de leur origine ou de leur appartenance ou non-appartenance à une ethnie, une nation ou une race ». Pour comprendre la philosophie de ces ultras, un bref retour en arrière s'impose. Le 21 juin 2013, soit quinze jours avant la dissolution des groupuscules d'Ayoub et un mois avant l'interdiction de ceux de Gabriac et Benedetti, Jean-Marc Ayrault est à Lyon pour rendre hommage à Jean Moulin, soixante-dix ans jour pour jour après son arrestation par la Gestapo. Le GUD local appelle à deux rassemblements anti-mariage gay au même moment. Le premier à Caluire au mémorial Jean-Moulin, lieu où Moulin fut arrêté le 21 juin 1943, et le second devant la prison de Montluc où il fut emprisonné et torturé.

Caluire est en état de siège pour éviter toute provocation du GUD, lequel s'était joint à l'appel à manifester des partisans de la Manif pour tous et des Enfants des terreaux, voulant ainsi marquer son opposition au mariage gay. Les discours du Premier ministre et des représentants des associations de résistants et déportés sont perturbés par des militants de cette extrême droite. Déjà la veille, dans cette belle ville de Lyon, trois membres du GUD ont comparu devant le tribunal correctionnel pour une agression raciste, accusés de « violences aggravées, en réunion et à connotation raciste ». Le 20 mai précédent, vers 3 heures du matin, ces militants d'extrême droite âgés de 19, 20 et 24 ans ont pris à partie deux couples qui rentraient chez eux à vélo au motif que l'une des deux femmes était de type asiatique. Après avoir violemment frappé les hommes et la femme à coups de pied et de poing, ils ont pris la fuite mais ont été interpellés un peu plus tard par une patrouille de police. Un acte non isolé dans la métropole lyonnaise, où depuis des années l'extrême droite tisse sa toile, notamment au sein de l'université Lyon-III, l'université Jean-Moulin, celle où enseigne Bruno Gollnisch.

Ce 21 juin, dans l'avion du retour qui le ramène à Paris, le Premier ministre constate sombrement : « À Lyon, il y a l'un des noyaux les plus forts de l'extrême droite. C'est un bastion de l'extrême droite radicale. C'est insupportable d'avoir vu l'extrême droite perturber ainsi cet hommage à Jean Moulin et à la Résistance. Il ne faut rien laisser passer. Et nous ne laisserons rien passer[1]. »

La réponse viendra donc dans les semaines suivantes, avec les dissolutions frappant les groupuscules de l'ultra-droite. La France a choisi de défendre sa République.

1. Entretien avec Jean-Marc Ayrault le 21 juin 2013.

Chapitre 3

LA NÉBULEUSE SORAL

« Je ne suis pas d'extrême droite, je suis national-socialiste[1] » : telle est la définition qu'Alain Bonnet de Soral, dit Alain Soral, fait de lui-même. Il l'avoue donc : il est un nazi, puisque ce mot est la contraction allemande de « *Nationalsozialist* ». Soral, qui se veut essayiste, philosophe, sociologue, romancier, intello, penseur, précise : « En tant que national-socialiste français, ça m'agace d'être rangé à l'extrême droite, qualificatif qui désigne pour moi les néoconservateurs, les impérialistes américano-sionistes et le pouvoir bancaire international[2]. » Un « national-socialiste français » qui se présente alternativement comme instructeur de boxe anglaise ou française, mettant en avant un diplôme fédéral obtenu en 2004. Crâne rasé, carrure imposante : il apparaît souvent sur le net, dans une salle de sport ou sur un ring, torse nu, en short et gants de boxe, distribuant coups de pied, coups de poing et s'entraînant à la corde à sauter.

1. *Dialogues désaccordés*, livre d'entretiens avec Éric Naulleau, Éditions Blanche, 2013, p. 65.
2. *Ibid.*

« Je fais du sport, disait-il sur le plateau de "Vie privée, vie publique" de Mireille Dumas[1], face à sa sœur la comédienne Agnès Soral, pour mon équilibre physique et psychique. Mon désir d'affrontement n'est pas forcément comblé par mon écriture, même si j'ai une écriture assez virulente. »

Au secours Marine !

Désir d'affrontement ou plutôt désir de se protéger. Au point que, s'estimant menacé dans son intégrité physique par les militants de la Ligue de défense juive (LDJ), un mouvement juif d'extrême droite, Soral décide de demander, en 2006, la protection et l'intervention de Marine Le Pen. « Soral, se souvient avec gourmandise Louis Aliot, le compagnon de Marine Le Pen et vice-président du FN, est venu voir Marine pour qu'elle demande à la LDJ qu'on arrête de l'embêter[2]. » Car Soral sait que le patron de la LDJ, un dénommé Nataf, s'est rapproché de Marine Le Pen. Le 17 avril 2011, quatre jours après la mort d'un bijoutier membre de la communauté juive tué au cours d'un braquage, dans le quartier des Batignolles à Paris, Nataf, alias Amon Cohen, affirme dans *Le Parisien* que certains « dans la communauté » sont « de plus en plus

1. Le 7 mai 2003 sur France 3.
2. Entretien avec Louis Aliot le 9 septembre 2013.

pour un vote protestataire en faveur du Front national ». Nataf est en réalité devenu depuis le début des années 2000 un interlocuteur régulier de Marine Le Pen, par l'entremise de Jean-Richard Sulzer[1], mais surtout de Philippe Péninque qu'il connaît depuis le début des années 1970.

Nataf et Péninque étaient alors au lycée parisien Jacques-Decour ; le premier militait au Bétar[2], le second était déjà à l'extrême droite, d'abord à Occident puis au GUD. On a beaucoup parlé de lui au moment de l'affaire Cahuzac, car c'est par son intermédiaire que ce dernier avait ouvert, en 1992, un compte à la banque UBS de Genève. Nataf a été vu à de nombreuses reprises dans des manifestations du FN. D'où les accusations de connivence avec l'extrême droite lepéniste. Comme en novembre 2006, lorsqu'il croise de manière impromptue Dieudonné à la fête Bleu blanc rouge du FN ou, en 1998, quand il est vu au cimetière Montmartre à la commémoration de la mort de François Duprat. Pierre Sidos[3] y est présent, raconte Nicolas Lebourg dans sa biographie de Duprat, avec bon nombre de militants de l'Œuvre française. Des militants de l'ultra-droite qui suspectent Nataf d'avoir ainsi cherché à mettre à jour ses dossiers les concernant…

1. L'un des théoriciens du programme économique du FN, se revendiquant juif.

2. Mouvement de jeunesse juif radical et sioniste.

3. Pierre Sidos a fondé et présidé de 1968 à 2011 l'Œuvre française, un mouvement d'extrême droite au carrefour du pétainisme et du fascisme. Son successeur est Yvan Benedetti.

Retour au mois de juillet 2006. Nataf[1] se souvient d'avoir reçu à cette époque un coup de fil d'un responsable du DPS (département protection sécurité), le service d'ordre du FN, lui expliquant que Marine Le Pen voulait le « voir ». Rendez-vous est pris un soir de l'été au bar de l'Aventure, avenue Victor-Hugo, à deux pas de l'Arc de Triomphe. Entre deux coupes de champagne, Marine Le Pen, entourée de Louis Aliot, Jean-Richard Sulzer et du patron du DPS de l'époque, demande à Nataf « de ne plus agresser Soral ». Confirmation de la présidente du Front national le 27 novembre 2013 : « Soral m'a dit que les gens de la LDJ voulaient lui "péter la gueule", en ajoutant : "Je sais que tu as des contacts, alors interviens auprès d'eux pour qu'ils me laissent tranquille." » En clair, Soral, connu pour des écrits misogynes, a préféré se mettre sous la protection du bouclier d'une femme, en l'occurrence celui de Marine Le Pen, pour éviter de prendre des coups. Son image de fier-à-bras « bien de chez nous », avec cette virilité à la Jean Gabin qu'il expose à longueur de vidéos et dans ses livres, en prend un sacré coup.

Sa haine des femmes et des hommes trop « féminins » à son goût (il n'épargne pas même Proust, un « styliste » selon lui, traître à la virilité des littérateurs français) était déjà suspecte. On voit bien maintenant que cet obsédé des concours virils a

1. Entretien avec Eliahou Nataf le 12 septembre 2013.

comme un petit complexe. Bien sûr, il est plus fort à la savate qu'un profane, et pour cause, mais qu'on l'amène sur un terrain inconnu et il révélera aussitôt les limites de sa témérité. Soral est curieusement terrorisé par les quelques dizaines de jeunes de la LDJ et du Bétar. Il pense être leur cible et se sent en danger. « On n'a rien à voir avec tout cela, répond Nataf[1] à la fille Le Pen quand il la rencontre à l'Aventure, si Soral ne fait plus de déclarations antisémites, il n'y a aucune raison qu'il se fasse bastonner. Mais ce qui risque de devenir un problème pour vous, c'est que Soral est quelqu'un d'incontrôlable. »

Le cas « Soral » sera encore abordé le 1er mai 2013 entre Nataf et Philippe Péninque, devenu l'un des plus proches conseillers de Marine Le Pen. Une photo de leur rencontre a d'ailleurs été publiée l'été dernier par la revue *Polka magazine* et reproduite le 26 août par le blog antifasciste Réflexes. Ce jour-là, Péninque demande à Nataf « de ne plus s'en prendre à Soral ». C'est décidément une manie au Front national que de vouloir ainsi préserver l'intégrité physique de Soral. Comme si un professeur de boxe ne pouvait pas faire entendre ses arguments tout seul !

Péninque demande à Nataf « d'arrêter de pousser des mecs comme Soral dans l'opposition frontale avec la communauté, d'arrêter de le pousser

1. Entretien avec Eliahou Nataf le 12 septembre 2013.

dans l'opposition frontale avec les Juifs et de le réintégrer ». Nataf s'amuse des sollicitations dont il a été l'objet de la part de Marine Le Pen et ses proches au sujet de Soral. « Ce qui est intéressant, note-t-il le sourire aux lèvres, c'est qu'entre ce soir de l'été 2006 où j'ai vu Marine à l'Aventure et son départ du FN (en 2009), Soral n'a fait aucune déclaration inopportune[1]. » Marine Le Pen aura sans doute réussi à lui faire entendre raison. Depuis, il s'est surpassé.

Obsession antisémite

Devenu le prédicateur de l'antisémitisme et du négationnisme sur la Toile, Soral n'a qu'une obsession : le Juif. Il doit en rêver, ou plutôt en cauchemarder, matin, midi et soir. « La vérité, répond ainsi Soral à Naulleau dans *Dialogues désaccordés*, c'est que j'ai découvert la domination juive alors que j'étudiais la lutte des classes. Moi, le Savoyard, des Juifs je n'en ai jamais entendu parler avant de les rencontrer moi-même dans la mode, le journalisme, le cinéma, l'édition, la politique… tous secteurs où je les ai découverts dominants. "Sûrs d'eux-mêmes et dominateurs", comme le dénonçait aussi le général de Gaulle avant de se faire virer par

1. Entretien avec Eliahou Nataf le 12 septembre 2013.

Cohn-Bendit[1] ! » Et le même Soral de poursuivre en parlant de « domination juive », de « cette communauté juive organisée internationale qui règne aujourd'hui sur le monde occidental, par la montée du capitalisme financier qui a remplacé la féodalité chrétienne[2] ». En « français de souche », pour reprendre une expression chère à l'extrême droite, cela s'appelle de l'antisémitisme. Le mal, c'est le « lobby » qui envahit tout l'espace, c'est la « tribu » cause de tous les maux du monde, de toutes les catastrophes et injustices de la terre. Une obsession présente à toutes les pages, sur toutes les lèvres. Les délires de Soral et consorts, ce sont *Les Protocoles des Sages de Sion* version XXIe siècle.

Pour faire bonne figure, Soral troque souvent le terme « Juif » contre celui, plus politiquement correct, de « sioniste ». Ce que l'on ne peut pas dire sur les Juifs, il croit pouvoir le dire sur les sionistes. Avec depuis toujours cette tentation de faire venir à lui les jeunes issus de l'immigration. C'est ainsi qu'il stigmatise dans *Comprendre l'Empire* « des antiracistes gauchistes toujours immigrationnistes, par haine des peuples enracinés. Mais, désormais anti-islamistes, au nom de la défense de la laïcité. Tout cela voulu bien sûr par la toute-puissance de plus en plus visible du lobby sioniste. Une obscénité communautaire parfaitement illustrée par la

1. *Dialogues désaccordés*, *op. cit.*, p. 107.
2. *Ibid.*, pp. 107-108.

prosternation générale du personnel médiatique et des instances républicaines, président de la République en tête, à l'annuel dîner du CRIF[1] ». Et quand Soral développe sa théorie du grand complot comme moteur de l'histoire, c'est encore le Juif qu'il a en ligne de mire. « La lutte du grand capital mondialiste, manipulant et finançant les révolutionnaires professionnels issus de la bourgeoisie cosmopolite [...] pour empêcher la jonction populaire, elle authentiquement révolutionnaire, de la petite bourgeoisie et du prolétariat national [...] étant l'histoire cachée du mouvement ouvrier[2]. »

Un peu plus loin, Soral considère que « tout cela ne serait que le produit d'un grand complot de la "Banque", concocté il y a plus d'un siècle et dont les "maîtres du monde" auraient prévu toutes les étapes[3] ». Le tout devait donc aboutir au « règne de la finance américaine sur le reste du monde, à travers la création de la Banque mondiale et du Fonds monétaire international[4] ». L'Empire, un complot mondialiste, américano-atlantico-judéo-maçonnique. Il y a chez Soral ces pseudo-concepts bâtis autour de la théorie du complot Juif. Et puis ces cibles, toujours les mêmes, outre l'obsession du Juif, celles de la femme et de l'homosexuel le hantent aussi. Comme les islamo-salafistes ou, comme les désigne

1. *Comprendre l'Empire*, Éditions Blanche, 2011, pp. 190-195.
2. *Ibid.*, p. 133.
3. *Ibid.*, pp. 133-143.
4. *Ibid.*, pp. 57-58.

très justement Bernard-Henri Lévy, les « islamo-fascistes ».

Il y a chez Soral un discours sur la réconciliation entre la droite des valeurs et la gauche du travail qui ne rappelle que trop les nazis. À travers cette rhétorique obscène, reprise d'ailleurs par les prédicateurs salafistes, Soral cherche d'abord à attirer vers lui les jeunes des banlieues. Et il a en partie réussi. Cet idéologue d'un nouveau fascisme à la française est devenu le héraut de jeunes qui voient en lui leur porte-parole contre le « lobby », contre la « tribu », contre les « sionistes », contre les « Juifs ». Avec à ses côtés Farida Belghoul, ex-leader de la marche des Beurs de 1983, toujours prompte à dénoncer, dans le cadre de « conférences » avec Soral, le rôle nocif de SOS Racisme et des « sionistes » de l'UEJF, qui auraient tenté selon elle de récupérer au profit du PS le mouvement beur du début des années 1980.

Kontre Kulture

La logorrhée antisémite a été hissée par Égalité et Réconciliation au rang de « philosophie » à la mode, de contre-pensée unique, d'anti-politiquement correct. Dans un reportage de « Complément d'enquête » consacré à Dieudonné, Alain Soral a ainsi une crise d'antisémitisme aiguë devant les caméras. « Ce n'est pas systématiquement de la faute de l'autre, déclare-t-il, si personne ne peut vous blairer partout où vous mettez les pieds. Parce qu'en gros c'est à peu près ça leur histoire – des Juifs –, tu vois. Ça fait quand même 2 500 ans où, chaque fois où ils mettent les pieds quelque part, au bout de cinquante ans, ils se font dérouiller[1]. » Des propos jugés antisémites par un certain nombre d'associations antiracistes mais aussi par des représentants de la liste européenne Euro-Palestine, à laquelle il avait apporté son soutien. Poursuivi en justice, il sera condamné le 4 mai 2007, par la 17e chambre du tribunal de grande instance de Paris, pour diffamation raciale et incitation à la haine raciale, puis, au terme de quatre ans de procédure, astreint en 2008 au paiement d'une amende de 6 000 euros. Chez Soral, on se proclame antisémite, on nie l'existence de la Shoah, on parle d'escroquerie à la Shoah, on soutient les négationnistes.

Soral fait sauter les tabous et les digues les uns après les autres. Ce que même Jean-Marie Le Pen n'osait pas dire, Soral le dit, en fait un argument politique, un thème de débat. Les Juifs, le judaïsme, l'homosexuel, les francs-maçons, les féministes sont jetés en pâture sur la Toile à travers le site Égalité et Réconciliation. Un site qui sert de relais à Kontre Kulture, une maison d'édition qu'il contrôle, et à

1. « Complément d'enquête », le 20 septembre 2004 sur France 2.

un petit groupe de caricaturistes obsédés par les mêmes thèmes que Soral. La spécialité de Kontre Kulture, c'est d'éditer et de rééditer les livres les plus antisémites et négationnistes de l'histoire française et européenne et de les proposer à la vente sur son site internet.

Des livres dont Soral fait la pub à longueur de vidéos sur E & R. Comme le grand classique de l'antisémitisme *La France juive* d'Édouard Drumont, mais aussi *Le Salut par les Juifs* de Léon Bloy, *Le Juif international* d'Henry Ford, *La Controverse de Sion* de Douglas Reed, et l'*Anthologie des propos contre les Juifs, le judaïsme et le sionisme* de Paul-Éric Blanrue. Décision rarissime : la justice a ordonné le 13 novembre 2013 l'interdiction pour antisémitisme de *L'Anthologie des propos contre les Juifs, le judaïsme et le sionisme,* et la censure partielle de quatre autres ouvrages du XIXe et du XXe siècle republiés par Alain Soral[1], reprochant à ces livres les délits « d'injure envers un groupe de personnes à raison de leur appartenance à une religion déterminée », de « négation de crime contre l'humanité » et de « provocation à la haine raciale ».

Blanrue rendra par ailleurs hommage le 5 décembre 2013 à Dieudonné sur le site www.joelecorbeau.com : « Je ne suis pas fâché de lui avoir permis de réaliser l'un de ses plus beaux coups média-

1. Décision en référé du tribunal de Bobigny sur plainte de la Licra.

tiques en lui présentant Faurisson, quelques mois avant son Zénith de 2008. Je suis également très honoré qu'il m'ait décerné l'une des premières Quenelles d'or. Si jamais la roue tourne et que la France se révolte contre le système qui la tue à petit feu, les historiens du futur le considéreront, à raison, comme le principal acteur de ce mouvement de libération. »

Soral voit la mainmise du Juif partout. Soral c'est *Je suis partout* version XXIe siècle. C'est-à-dire le *Je suis partout* du net et des réseaux sociaux, comme une adaptation numérique de ce journal pronazi des années d'occupation.

Soral prétend s'approprier la protestation et, plus que la protestation, le retournement, l'inversion des valeurs et en même temps la lutte finale prolétarienne. Il prétend constituer une contre-culture. Or, le mot de contre-culture renvoie aux élans de protestation qui se font jour au sein d'une culture, contre l'hégémonie d'une classe ou d'un groupe dominant. Les hippies ou Jimi Hendrix, le surréalisme dans la France des années 1920, le féminisme sont des exemples, parmi beaucoup d'autres, de contre-culture. Soral ou Dieudonné, eux, utilisent tous les ressorts de la culture de masse : internet, l'esprit du rap, aujourd'hui largement devenu commercial, ou encore le langage de la pornographie standardisée. Ils recyclent leurs vieilles recettes idéologiques derrière un nouveau visage *facebookien* ou *photoshopé.*

On vous ment, dit Soral, on vous enferme dans une matrice (il adore le film *Matrix*, comme ses fans…) qui vous cache le vrai monde. « Il faut bien comprendre, dit souvent Soral, moi, je vais déchirer cette matrice, vous montrer la vérité… » Mais en utilisant tous les procédés de la culture de masse, y compris le tout sensationnel et émotionnel du conspirationnisme. Pas d'analyse en profondeur mais une lecture par le « petit bout de la lorgnette ». Pas la « vérité », mais la téléréalité. Regardez une vidéo de Soral : il prétend non seulement « parler vrai » mais aussi être filmé dans son intimité, sans artifice, telle une Loana improvisée sociologue.

Et sa théorie est sans cesse rabâchée : le complot sioniste, la décadence de l'Occident. Voici un siècle et demi, le régime tsariste faisait écrire *Les Protocoles des sages de Sion*, inspiré d'un roman populaire français. Aujourd'hui, Soral le réimprime après l'avoir découvert chez les héritiers de la collaboration et du pétainisme. Il invente une mémoire au service de ses mensonges.

Le protocole Soral

Soral et ses amis, ceux du net et ceux du premier cercle « soralien », ne connaissent rien à l'histoire du peuple juif. Ils n'en ont qu'une mémoire kitsch, caricaturale à souhait. Le rapport à la culture juive de ces gens-là, citant le Talmud « écrit par Monsieur Maïmonide », comme s'il s'agissait d'une de leurs connaissances, et comme s'ils avaient lu ne serait-ce qu'un paragraphe des 7 000 pages de ce texte, est réducteur et négationniste. Un exemple ? Lorsque Soral dit dans l'une de ses vidéos : « Maïmonide, qui est au Talmud ce que Moïse est à la Torah », suggérant que le philosophe de Cordoue, auteur du *Guide des égarés* et du *Mishné Torah*, est l'auteur du Talmud, il expose l'abîme de son esprit d'à-peu-près. Tout simplement parce que Maïmonide est mort en 1204, tandis que l'écriture du Talmud fut clôturée vers l'an 500. Maïmonide commenta le Talmud, parmi des milliers d'autres rabbins jusqu'à nos jours. Et son florilège de citations rabbiniques, Soral l'a constitué avec la même méconnaissance. Citations réelles ou controuvées, parfois tirées de leur contexte, passant d'un site à l'autre. Le pire dans cette histoire, c'est que Soral, le maître de pacotille, est peut-être encore plus sincère que méchant, ce qui le rend d'autant plus dangereux. Il croit à ses inepties : le « Juif talmudique » est à ses yeux un vrai danger. Dans le monde de Soral, les Juifs haïssent vraiment les « goyim », les non-Juifs. Et quand les Juifs parlent de la Shoah, c'est pour escroquer les non-Juifs. Ainsi quand il m'a accusé d'avoir menti en évoquant la déportation de mon grand-père, arguant qu'il n'y avait pas de Haziza à Auschwitz et que les Soral ont plus souffert que les Juifs d'Afrique du Nord.

Je le crois, sinon sincère, du moins assez intoxiqué par un antisémitisme viscéral pour penser dire la vérité. Son cerveau ne peut manifestement pas imaginer qu'il faut, comme le disaient les militants de la Manif pour tous, un père et une mère, et donc quatre grands-parents, pour concevoir un enfant, et qu'un Haziza ait épousé une Lancner en 1960, qu'un séfarade ait pu rencontrer à Paris une ashkénaze qui l'a ensuite suivi dans ce qui était à l'époque un département français d'Algérie. Quelle schématique image des Juifs ces gens ont-ils ! Ayant vaguement appris de Wikipédia ou de *La vérité si je mens !* ce qu'étaient un séfarade et un ashkénaze, ils doivent penser qu'il est impossible d'appartenir à ces deux communautés à la fois. Pour un Juif de ma génération et d'après, c'est pourtant chose assez courante. Au-delà de cette banale ignorance, quelle idée se font-ils des Juifs quand ils imaginent que ceux-ci puissent être assez pervers pour s'inventer des ancêtres déportés ?

Ces gens-là sont dangereux mais sincères. Et d'autant plus dangereux qu'ils sont sincères. D'ailleurs, d'autres antisémites l'ont peut-être aussi été. Pétain, après tout, devait vraiment penser que le Juif Blum avait détruit la France. Et Poujade aussi quand il traitait Pierre Mendès France de « raciste » parce que sa famille ne s'était pas mélangée aux autres.

Pour ne rien arranger, Soral pioche la plupart de ses clichés antisémites dans un faux, un livre publié à la fin du XIXe siècle par le prêtre catholique lituanien Justin Bonaventure Pranaitis : *Le Talmud démasqué. Les enseignements rabbiniques secrets concernant les chrétiens.* Un faux rédigé à l'époque des pogromes tsaristes dans le but de justifier, d'attiser et de raviver l'antisémitisme. Ce que Pranaitis a fait, c'est-à-dire démontrer aux peuples slaves que c'étaient les Juifs qui détestaient les chrétiens et non l'inverse, qu'ils étaient l'incarnation du Mal absolu à travers le Talmud, Soral le fait aujourd'hui, vidéo après vidéo, écrit après écrit, conférence après conférence. Pranaitis, qui présente son livre comme une enquête sur les enseignements juifs relatifs au christianisme, entend révéler ce que le Talmud comprend d'enseignements authentiquement antichrétiens et racistes.

L'infâme manipulation, l'incompétence crasse, l'idéologie criminelle sont ainsi passées d'un cerveau antisémite à un autre. De celui de Pranaitis à celui de Soral. Mais le Talmud de Soral tient en deux pages. Un peu court pour plus de 30 volumes étudiés jour et nuit depuis 1 500 ans par le peuple juif. En ce sens, on a bien raison de s'intéresser au Talmud, qui a certainement façonné l'âme juive, mais on ne saurait en parler en s'appuyant comme hier Pranaitis et aujourd'hui Soral sur des traductions de traductions. Quinze phrases en tout et pour tout, recyclées de site en site et de tweet en tweet : c'est peu. Une étude rapide de ce lamentable florilège permet de distinguer des « citations » de traités qui n'existent pas, des pages imaginaires, des livres comme le Zohar que l'on présente comme une partie du Talmud alors que c'est un livre de mystique, remontant à l'Espagne du XIIIe siècle, et d'autres aberrations de même nature.

Parfois, hors contexte, on trouvera des phrases choquantes qui figurent en effet dans le Talmud. Ce sont les scories d'une pensée avec ses préjugés aussi douteux que ceux de la mystique chrétienne médiévale ou certaines parties agressives du Coran. Comme si toutes nos attitudes étaient contenues dans les phrases de nos ancêtres. Il ne faut jamais être pusillanime avec la culture, pas plus qu'avec l'histoire, et Soral ne l'est d'ailleurs que quand ça l'arrange, lui qui dénonce sans cesse la « bien-pensance de la gauche » judéo-maçonnique ou de cette bourgeoisie parisienne qui aimerait plus les « enculés » que les ouvriers.

De la « gauche du travail » à la droite maurrassienne

À l'intérieur du cercle « soralien » on trouve une certaine Béatrice Pignède, venue de l'extrême gauche « anticapitaliste ». Elle incarnerait la tendance résolument « socialiste » (chaveziste, anticolonialiste, collectiviste…) du soralisme, qui existe à côté d'autres plus « droitières », attachées d'abord aux valeurs de la France. Gauche du travail et droite des valeurs, comme dit Soral. Elle a réalisé un film, *L'Oligarchie et le sionisme*, tissu d'âneries qui a eu un certain succès dans la mouvance soralo-dieudonniste. Comme disait Desproges, « le ridicule ne tue plus » : elle fait remonter le sionisme au XVIIe siècle ou avant et n'hésite pas à rendre ce mot à peu près synonyme de judaïsme, faisant dire au « self-hating Jew » Gilad Atzmon que la judéité est essentiellement raciste. Parfois, on ne sait pas trop si elle étend la définition du sionisme à tout ce qui est juif, aux chrétiens qui ressemblent le plus aux Juifs (c'était déjà une obsession maurrassienne), aux protestants anglo-saxons. Le tout avec un air de donneuse de leçons fière des minables bribes de savoir qu'elle a laborieusement accumulées sur internet, ce savoir que nous connaissons bien, qu'on retrouve chez tous les imbéciles qui, ayant appris et mal digéré leurs éparses leçons, les vomissent avec une autosatisfaction de bon élève.

On notera au passage que l'affiche du film – qui n'est pas antisémite mais « antisioniste », bien sûr – reprend le motif du Juif araignée cher aux nazis. On notera aussi que ces antisémites sont fiers d'avoir des Juifs, des individus de « race » juive avec eux.

D'un côté donc la gauche du travail, symbolisée par Béatrice Pignède. De l'autre la droite des valeurs, représentée chez Soral par une dénommée Marion Sigaut. Historienne et membre d'Égalité et Réconciliation, considérée comme une personnalité importante de la théorie du complot par Conspiracy Watch, elle est aussi membre de l'équipe dirigeante du mouvement Debout la République de Nicolas Dupont-Aignan où elle assure les fonctions de déléguée nationale à la Vitalité de la Langue française en charge du secteur « Francophonie, actions culturelles et audiovisuel extérieurs[1] ». Faut-il y voir un indice du rapprochement entre Nicolas Dupont-Aignan et Alain Soral ?

NAULLEAU, LE COMPLAISANT BIEN-PENSANT

Éric Naulleau affirme également haut et fort son engagement à gauche. Et même à la gauche de la gauche. Il aime bien les immigrés, il est sensible à la question des sans-papiers car sa femme, d'origine bulgare, a peiné à obtenir les siens. Il n'a pas aimé le débat sur l'identité nationale. Il jouit d'une belle couverture médiatique. Mais ce n'est pas assez. Il lui manque quelque chose, un peu de soufre peut-être ? Est-ce là que naît sa complaisance pour les néonazis ? Ou bien a-t-il le sentiment qu'il est temps de retourner sa veste ?

Naulleau, c'était un peu la marque de la gauche parisienne et intellectuelle sur le plateau de Laurent Ruquier. Assis à côté d'Éric Zemmour, dont les

1. Site de Debout la République.

sorties sur les Noirs et les Arabes faisaient se dresser les cheveux sur la tête des associations antiracistes, il semblait une sorte d'agneau, tout droit sorti du parti du bien.

Avec Zemmour encore, il avait reçu dans leur émission « culturelle » Laurent Obertone pour son livre *La France orange mécanique*, et trouvé que le constat était juste : la France tourne à la délinquance absolue. Le voici aujourd'hui compagnon de route d'Alain Soral. Car dans un livre de dialogues[1] dédié « à Dieudonné M'Bala M'Bala pour son courage et sa lucidité », les deux hommes font une belle promotion des idées racistes et « national-socialistes » de Soral.

Quand Soral divague sur l'homosexualité, en parlant de « lien entre homosexualité et pédophilie » et en ajoutant : « Tu devrais en parler à Pierre Bergé ou à Jack Lang[2] », laissant entendre qu'ils sont tous les deux à la fois homosexuels et pédophiles, Naulleau se contente d'ironiser[3] : « Verserais-tu dans la mollesse, serais-tu tenté par la tiédeur de l'âge venant ? Pas une fois dans ta réponse tu n'établis de lien entre homosexualité et zoophilie. »

Quand Soral délire sur le « parcours intime de Mme Rosenberg (le nom pas du tout catholique de Mme Sinclair)[4] ». Quand il dit que « ce qui pose problème [...], c'est la prétention de la dame et de

1. *Dialogues désaccordés, op. cit.*
2. *Dialogues désaccordés, op. cit.*, p. 41.
3. *Ibid.*, p. 47.
4. *Ibid.*, pp. 27, 28 et 29.

sa tribu à représenter la gauche ! […] Cette gauche juive qui est en fait la droite économico-politique qui parachève sa prise de pouvoir sur la France chrétienne en achevant de marginaliser la droite catholique traditionnelle », Naulleau minimise : « Remarquable fréquence du mot “juif” dans ta bouche, ce qui n'est pas pour m'étonner[1]. »

Quand Soral revendique son « révisionnisme[2] », sa négation de la Shoah, Naulleau jubilerait presque : « Que l'extermination des Juifs ait été parfois instrumentalisée à des fins politiques et géopolitiques, la question ne fait plus de doute depuis longtemps. Que soient apparus un “Shoah business” et, dans son sillage, nature humaine oblige, quelques escrocs par l'odeur alléchés, qui songerait à le nier ? […] Mais […] pourquoi nier le calvaire de tant d'hommes, de femmes et d'enfants[3] ? »

Quand Soral parle du « peuple allemand martyrisé », comme « victime oubliée de la Seconde Guerre mondiale masquée par la surexposition de la souffrance juive[4] », son complice acquiesce en parlant des « souffrances occultées du peuple allemand ». Il ose même regretter « l'avènement du règne victimaire » et « le risque de mythologisation » de la Shoah avant de conclure[5] : « Il suffit à

1. *Ibid.*, p. 31.
2. *Ibid.*, p. 124.
3. *Dialogues désaccordés, op. cit.*, p. 128.
4. *Ibid.*, p. 134.
5. *Ibid.*, pp. 138, 139.

présent de subir un préjudice pour obtenir un quart d'heure de gloire, et dans la mesure où le déporté juif apparaît désormais comme la victime entre toutes, la Seconde Guerre mondiale finit parfois par se résumer à la solution finale. »

En fait, Naulleau ne trouve pas grand-chose à redire à la prose antisémite et homophobe de son co-auteur. Il est son faire-valoir.

Soral la menace

Manipulateur, Soral n'hésite pas à jouer de la menace. Dans une vidéo postée le 5 mai 2012, il est censé « analyser le système médiatique ». Mais soudain, après s'en être pris aux animateurs de Canal + qui seraient « anthropologiquement des merdes, des sous-hommes, protégés par des vigiles, toujours des Africains », le voilà qui prend date : « J'aimerais bien voir le jour où ça va péter dans la rue. Comment ils vont se comporter. Là je vais rigoler. Parce que moi, je suis déjà prêt à ça. Pas eux. » Dans sa vidéo de rentrée du 17 septembre 2013, Soral part d'un constat : « Le catholicisme et l'islam représentent 99 % de la population française », et poursuit en étant encore plus explicite que dans son enregistrement du 5 mai 2012. « On voit donc que la mascarade de victimisation, de mépris, d'illégitimité a atteint un tel niveau de grotesque qu'il va falloir à un moment donné que les choses changent. Pour l'instant, on les fait changer par la pédagogie et l'humour, j'espère que cela suffira, je travaille en sorte que cela suffise. Mais sinon, inch' Allah, *alea jacta est.* »

Soral attend la révolution nationale, à la manière de Déat et Doriot qui l'attendaient eux aussi en 1940. Et pour être bien clair, dans cette même vidéo de septembre 2013, il met en cause ce qu'il appelle la « domination sioniste sur la France », les « élites talmudo-sionistes » fortes du « pouvoir de l'argent ». Soral s'en prend aussi à Manuel Valls, le « petit excité catalan » qui vient de le mettre en cause avec Dieudonné dans le cadre de l'université d'été du PS à La Rochelle. Un ministre de l'Intérieur accusé par Soral de surprotéger la communauté juive, au passage d'avoir pris ma défense, et considéré comme suspect parce que marié à une femme juive. Il parle ainsi du « détournement total de la fonction » de la police « par tous nos élus de la République, élus au double sens du terme, les BHL, les Goldnadel », comprendre les représentants du peuple élu. Une police, dixit Soral, « devenue la petite milice privée d'une communauté toute-puissante, régnante et arrogante », avec au passage encore la citation de la petite phrase de De Gaulle aux relents antisémites sur le « peuple d'élite sûr de lui-même et dominateur ». Histoire d'apporter du poids à cette thèse, le site Égalité et Réconciliation publie le 19 septembre 2013 la lettre ou pseudo-lettre d'un fonctionnaire de police de 33 ans exprimant sa colère de devoir assurer la sécurité des synagogues.

« Je suis révolté, écrit ce monsieur, de devoir assurer les sécurisations systématiques des lieux de culte juifs lors de leurs fêtes religieuses, tout cela pour "rassurer" une élite menée par les gauchistes trotskistes menant notre pays à la baguette. Nous avons le sentiment de payer pour tout ce qui s'est passé lors des années 1940 au cours de la guerre. J'ose espérer que mon petit message servira la Grande Cause Quenellière, et que M. Soral y jettera un petit œil, cela ne manquera pas de le faire réagir. » Comme c'est délicieusement dit.

Les fidèles d'Égalité et Réconciliation ne rechignent pas à faire référence à des écrits ou caricatures antisémites. Au cours du procès que la Licra intente contre lui, le 20 septembre 2013, devant la 17e chambre du TGI de Paris, pour provocation à la discrimination et à la haine raciales, un dénommé Zéon reconnaît que son dessin caricaturant un Juif religieux au nez crochu, portant un petit chapeau, des papillotes, une barbe est bien tiré de la propagande hitlérienne. « Ce dessin, explique Zéon devant ses juges, je l'ai trouvé dans les journaux nazis. » Mais pour ne pas apparaître en contradiction avec la loi, il revendique un dessin antisioniste, humaniste, anti-impérialiste et anticolonialiste. Rien que cela.

Sur le dessin de Zéon, ce Juif pratiquant – pardon, ce sioniste criminel – est au centre d'une balance. Sur le plateau de droite, un Juif déporté en pyjama rayé dont le poids de la souffrance fait visiblement basculer le plateau vers le sol, et de l'autre, un autre groupe de victimes (un Noir, un Indien et d'autres), qui n'arrivent pas à faire bouger le plateau en dépit de leur grand nombre, symbolisant une souffrance non reconnue. « Il y a des êtres humains supérieurs par leur souffrance, explique Zéon questionné par le président du tribunal, par rapport aux autres. J'ai voulu dire que l'on privilégiait une souffrance par rapport à toutes les autres. » Car Zéon a cru trouver la parade pour faire passer un antisémitisme à la Déat pour un cri de révolte anticolonialiste. Il a habillé ce Juif ressuscité des journaux nazis des années 1930 d'un uniforme de Tsahal, l'armée israélienne, taché de sang, et lui a fait porter un masque. Dans la salle, d'autres dessinateurs d'extrême droite, Dieudonné, et une soixantaine de membres d'Égalité et Réconciliation. Pêle-mêle se joignent à eux les jeunes de banlieue à la barbe salafiste, des Blacks version Tribu Ka et des fachos au crâne rasé type JNR de Serge Ayoub, portant un bomber noir en guise d'uniforme. L'axe brun-vert en version live. Je pense aux courageux magistrats qui doivent statuer dans cette atmosphère de kermesse criminelle.

« Provocation à la haine caractérisée, tranchera ce jour-là le procureur de la République, on peut désigner le Juif pratiquant, la religion juive, autrement que par la caricature haineuse des années 1930. Je ne vois pas pourquoi le militaire israélien se cacherait derrière quelque chose de repoussant. » Zéon bénéficiera d'une relaxe le 25 octobre 2013 en raison de la prescription des faits.

La liste de Soral

Les cibles de Soral et consorts sont toujours les mêmes : les Juifs, dont il dresse la liste avec hargne. Une véritable judéophobie qui confine à la folie pure et simple. Un jour c'est « le sayan » Bernard-Henri Lévy, comprendre l'espion du Mossad, le lendemain il parle d'Anne Sinclair. Son hit-parade se poursuit avec la « Juive argentine » Marcela Iacub, précisant que « les théoriciennes féministes américaines le sont presque toutes[1] », juives, bien sûr. Il parle aussi du « suceur de sionistes » Salman Rushdie. Au milieu de l'été 2013, il trouve une nouvelle cible en la personne d'Anne-Sophie Lapix, coupable d'être « liée depuis janvier 2009 à la famille originaire d'Algérie, Sadoun, suite à son mariage avec Arthur Sadoun, président de Publicis France ».

Donc proche, selon le site Égalité et Réconciliation, de la dynastie Bleustein-Blanchet, de Maurice Lévy et de « la féministe Élisabeth Badinter ». Parmi les cibles récurrentes de Soral, les vedettes du petit écran : Marc-Olivier Fogiel, Arthur, Ariel

1. *Dialogues désaccordés*, *op. cit.*, p. 13.

Wizman, Cyril Hanouna, Michel Drucker, Patrick Timsit. Il ajoute à cette liste Laurent Ruquier et un certain nombre de personnalités ouvertement gays – Soral étant, répétons-le, autant homophobe que raciste. Il y a aussi, parmi les bêtes non pas noires mais « jaunes » de Soral, les dirigeants de la communauté juive, du CRIF, de la Licra, de SOS Racisme, les personnalités politiques ou les patrons au nom à consonance « sioniste ». Laurent Fabius, Jack Lang, Dominique Strauss-Kahn (déjà avant l'affaire), Simone Veil, Julien Dray, Vincent Peillon, Eduardo Rihan Cypel, Jacques Attali, Bernard Kouchner, Caroline Fourest, Pierre Bergé, Jean-François Copé, Pierre Lellouche, Alain Minc, André Glucksmann, Emmanuel Todd, « petit-fils du rabbin de Bordeaux », Dany Brillant, « de son vrai nom Dany Cohen », seront tous renvoyés à leurs liens avec la « tribu ». Comprendre leur judaïté supposée ou leur proximité avec les Juifs.

Louis Aliot est lui aussi moqué comme étant le « Juif de Marine », car son grand-père paternel était juif : un héritage qui place le compagnon de Marine Le Pen dans le camp des parias. « Mon grand-père s'appelait Sultan, se justifie Aliot, mais il était à l'OAS. C'était un Juif laïc qui s'était marié avec une catholique avant guerre. Il est enterré au cimetière catholique de Nice[1]. » Jour après jour, depuis des

1. Entretien avec Louis Aliot le 9 septembre 2013.

années, Soral n'a de cesse de livrer à la vindicte populaire tous ceux qui apparaissent peu ou prou comme juifs ou judéo-compatibles. En somme, dès qu'une personnalité a un nom à consonance juive, a des amis juifs ou pis encore opère une mésalliance en épousant un membre de la « tribu », il est considéré comme cible vivante, à persécuter, à tuer. Soral rêve d'une France et d'un monde « *judenrein* », auraient dit les nazis, nettoyés des Juifs.

Ses éditoriaux mensuels sous forme vidéo lui permettent de donner corps à sa phobie. Mois après mois, il se met en scène assis sur un canapé. Il pérore et, derrière lui, défilent sur un écran de télévision des images du IIIe Reich. Hitler apparaît ainsi, bras tendu, passant en revue les troupes ou prononçant un discours devant des foules en liesse. Hitler, le modèle de Soral ? Antisémite il l'est, négationniste il l'est aussi. « Les révisionnistes sont les prisonniers politiques de l'Occident contemporain, dit-il dans son livre écrit avec son faire-valoir Naulleau, et le sort qui leur est réservé par les soi-disant démocraties avancées est le grand scandale intellectuel, moral et politique de notre temps. La question des chambres à gaz, ici, c'est la Corée du Nord[1]. » Mais Soral ne s'arrête pas là. Lui, l'ami du complotiste Thierry Meyssan, voit dans l'affaire Merah « un peu la version française, petit budget, des attentats du 11 septembre, le versant français

1. *Dialogues désaccordés*, *op. cit.*, pp. 103 et 123.

de la stratégie néoconservatrice et sioniste du “choc des civilisations”[1] ». Et Soral de préciser : « Une opération de manipulation, une opération conjointe franco-israélienne, dans le but à la fois de diaboliser les musulmans en les associant au djihad tout en rendant les Français sensibles à la cause israélienne. »

Le poison du net

Soral mène son « combat » en tandem avec Dieudonné via la Toile et les réseaux sociaux. Internet est devenu un monstre qui se nourrit de lui-même. Le site Égalité et Réconciliation (E & R) est l'un des blogs « politiques » les plus lus de France : 100 000, 200 000, 400 000, jusqu'à un million de vues pour ses vidéos haineuses.

« Alain Soral n'est plus proche de nous, d'ailleurs je suis en procès avec lui. Il est à la tête d'une véritable secte » : c'est ainsi que Louis Aliot[2], le vice-président du FN et compagnon de Marine Le Pen, désigne Égalité et Réconciliation. Une secte dont Soral est le gourou pour des dizaines, voire des centaines de milliers de jeunes qui voient en lui le guide suprême. Outre les ventes de livres (Amazon, les chiffres des librairies, les chiffres de *L'Express*

1. *Ibid.*, pp. 171-172.
2. Entretien avec Louis Aliot le 25 janvier 2013.

et du *Nouvel Observateur*, le site de Soral lui-même en indiquent de colossales et irréfutables), la récurrence des recherches liées à Soral sur Google, YouTube et Facebook est un bon indicateur de sa popularité. Sur Facebook, Soral obtient 36 423 *likes* sur sa page officielle et son profil privé a plus de 10 000 abonnés. Pour bien comprendre ce dont il s'agit, il faut le comparer avec d'autres « intellectuels » médiatiques ou autorisés dans le monde universitaire. Michel Onfray obtient 29 499 *likes* sur sa page officielle et 15 500 sur une page non officielle. Il totalise ainsi, si j'ose dire, un nombre de *likes* supérieur à celui de Soral, mais il est le seul. Zemmour en obtient, lui, 31 899. Un sociologue « sérieux » comme Luc Boltanski en cumule… 263, Alain Finkielkraut 4 000, Bernard-Henri Lévy 13 000, Max Gallo autour de 1 400, Régis Debray 1 156, Edgar Morin dans les 13 000 sur sa page non officielle et 1 300 sur sa page officielle. Caroline Fourest obtient, elle, 175 *likes* seulement.

Parmi les morts, Soral est largement battu par Sartre et Foucault (sans doute parce que leur renommée va bien au-delà de la France et qu'ils ont tout de même quelques décennies de plus), mais il bat Bourdieu et Derrida réunis. Autre « intellectuel » médiatique, Stéphane Hessel obtient 43 000 *likes*. Si l'on considère le succès mondial d'*Indignez-vous* et la forte médiatisation de l'ancien résistant avant sa mort, on est plutôt étonné de le voir au coude-à-coude virtuel avec Soral. On voit donc que le gourou, en passant peu à la télévision ou à la radio, arrive à se situer en tête des « intellectuels » de notre pays. Il semblerait que, parmi les vivants, seul Tariq Ramadan le batte, à plate couture d'ailleurs, avec plus de 330 000 *likes*.

Du communisme au lepénisme

« On m'a programmé pour être un monstre. Je veux échapper à cette fatalité. J'ai fait un énorme travail pour ne pas devenir un monstre et je crois y être parvenu. » Alain Soral fait ce constat le 7 mai 2003 sur le plateau de l'émission de télévision de Mireille Dumas[1]. A-t-il vraiment échappé à cette fatalité ? En tout cas, il rêve d'opérer une nouvelle synthèse idéologique entre extrême droite et extrême gauche. Il doit même penser qu'il a inspiré Abdelhakim Dekhar, le tireur de *Libération*, BFM-TV et la Société générale à La Défense, qui vient manifestement de l'extrême gauche, tendance anarchiste[2]. Cependant deux éléments, le soutien à la Syrie d'Assad et le vocable « journapute », nous laissent penser que l'influence de Soral ou de son milieu sur Dekhar n'est pas loin. Soral et ses pareils usent de la novlangue à gogo. Un exemple, trouvé sur le site

1. « Vie privée, vie publique » sur France 3.

2. Ces actes, commis entre le 15 et le 18 novembre 2013, vaudront à Abdelhakim Dekhar d'être mis en examen le 22 novembre 2013 pour tentatives d'assassinat, enlèvement et séquestration.

d'Égalité et Réconciliation : « Normal qu'Alain Soral et [Dieudonné] soient les bêtes noires du système, deux hommes qui n'ont que leur prodigieux talent contre la puissance de l'État, des ligues, des journaputes, des merdias, des officines mafieuses et des mafieux du maussade… »

Aujourd'hui, l'extrême gauche la plus belliqueuse tente à peine d'endommager le matériel de la SNCF, et qui pourrait avoir peur de Mélenchon, de Besancenot, de ce qui reste de Lutte ouvrière ? L'extrême droite elle-même se refaçonne et il n'est pas impossible qu'Abdelhakim Dekhar, venu du milieu autonome, soit à son insu l'un des rejetons de cette nouvelle mixture.

Déjà dans l'entre-deux-guerres, les *Cahiers Joseph Proudhon*[1] avaient été, à l'instigation de Georges Valois, le lieu de création du fascisme à la française avec le Faisceau, premier mouvement fasciste non italien. Soral s'en réclame explicitement aujourd'hui, et articule ce geste avec une admiration à peine voilée pour l'islam politique, dont il partage les haines. Sa stratégie : opérer la synthèse, sur le plan sociologique, entre une jeunesse désœuvrée, issue de l'immigration, et des petits Blancs déclassés. L'un de ses ressorts essentiels, le principe quasi métaphysique de sa démarche, est la fameuse théorie du complot. Les Juifs, les francs-

1. Cf. *La Droite révolutionnaire* de Zeev Sternhell, Gallimard, coll. « Folio histoire », 1998.

maçons, le capitalisme anglo-saxon-judéo-sioniste ou encore les gays voudraient détruire la France par le haut.

Militant au Parti communiste dans les années 1990, sur la base de la défense de la nation afin de montrer son opposition au « nouvel ordre mondial » et sa résistance à l'américanisme, Soral préconisera une alliance du PC avec le Front national, parti auquel il finit par adhérer en 2005. En 2007, il devient membre de son comité central. Un passage de la gauche de la gauche à l'extrême droite qui lui fait choisir comme devise pour Égalité et Réconciliation : « Gauche du travail, droite des valeurs ». Entre-temps, il prétend avoir rédigé le discours prononcé par Jean-Marie Le Pen le 20 septembre 2006 sur le site de la bataille de Valmy (Marne) du 20 septembre 1792. Marine Le Pen nuance : « L'idée de base, c'est Philippe [Péninque]. Ce n'est pas Soral. Moi, Soral, je n'ai jamais accroché avec lui, c'est le mec qui vous dit que tout vient de lui et que tout le monde a copié sur lui. Il m'a très vite tapé sur le système. Il a une obsession complotiste[1]. » Valmy, haut lieu de la geste révolutionnaire face à la contre-offensive des monarchies coalisées. Occasion saisie par Soral pour faire dire à Le Pen que la prochaine élection présidentielle doit être « un nouveau Valmy », un

1. Entretien avec Marine Le Pen le 27 novembre 2013.

sursaut face au risque de « disparition » de la France. « Dans sept mois, il s'agit de vaincre ou périr », déclare Le Pen au pied du moulin de Valmy : soit la France « met en déroute les puissances hostiles » qui la menacent, « soit elle abandonne par un simple vote son histoire et son âme aux armées ennemies du libéralisme mondialisé, du communautarisme, de l'immigration sauvage, de la régression ».

Le Pen lancera aussi ce jour-là un appel au rassemblement autour de sa candidature à l'Élysée, en y englobant les « Français d'origine étrangère », pour « constituer demain, dans un élan national, cette armée hétéroclite des soldats de Valmy ». Un discours que le site Égalité et Réconciliation revendique encore aujourd'hui comme le discours programme de Soral, avec l'idée de tendre la main aux Français de toutes origines. C'est aux côtés de Louis Aliot, le 2 février 2007, qu'Alain Soral fera acte d'allégeance à la candidature Le Pen. Aliot se réjouit, ce jour-là, d'accueillir cette nouvelle recrue « ne faisant pas traditionnellement partie de la famille nationale ». Il affirme qu'Alain Soral apporte « un particularisme de gauche au combat national », tout en glissant que selon lui le marxisme est une « science dépassée ». Soral défend ce jour-là son ralliement à la candidature présidentielle du leader du FN, se disant convaincu « qu'aujourd'hui, si Marx était vivant, il appellerait à voter Le Pen. Je peux vous le démontrer dialectiquement, c'est un vrai plaisir ». Car pour Soral, qui confie avoir voté pour Chevènement en 2002, « seuls les nationalistes peuvent être efficaces » pour lutter contre « la déferlante mondialiste et ultralibérale ». La théorie du complot version soft.

Une théorie du complot développée dans son livre *Comprendre l'Empire*, sur le site Égalité et Réconciliation, ou encore dans *Dialogues désaccordés. Combat de Blancs dans un tunnel*, son livre d'entretiens avec le polémiste Éric Naulleau.

Les millions de l'Iran

Retour en 2009. N'ayant pas été retenu comme tête de liste frontiste en Ile-de-France pour les élections européennes, Soral rompt avec le Front national le 2 février 2009. Le divorce est violent. Marine Le Pen se remémore cet épisode le 20 décembre 2011, alors qu'elle déjeune avec un groupe de journalistes dans un restaurant tout près de l'Assemblée nationale[1]. Elle parle ce jour-là de Soral avec beaucoup de dédain, en expliquant que « c'est un type ayant surtout un énorme problème d'ego, un besoin de reconnaissance et beaucoup de mépris pour les autres ». Et la présidente du FN de préciser : « Je me méfiais de lui,

1. Déjeuner au restaurant Chez Françoise.

parce que je me suis toujours méfiée de ceux qui tout de suite veulent vous faire comprendre qu'ils en ont une grosse. » C'est dans la foulée de son départ du FN que Soral lance avec Dieudonné M'bala M'bala la liste antisioniste.

Dieudonné est tête de liste, Soral est en cinquième position. Un attelage qui se solde par un échec électoral[1] aux européennes de 2009 mais qui continue de provoquer la polémique. Une polémique née d'une déclaration faite par Soral le 9 mars 2013. Ce jour-là, lors d'une conférence à Nice avec Gabriele Adinolfi, théoricien nationaliste-révolutionnaire italien et ancien activiste de la mouvance néofasciste, Alain Soral revient sur la création de la liste antisioniste et officialise le financement de la campagne par la République islamique d'Iran. « J'irai même jusqu'au bout, déclare-t-il, si on a pu faire la liste antisioniste, qui a coûté 3 millions d'euros, c'est parce qu'on a eu l'argent des Iraniens. Faut le dire, faut être honnête, si on l'avait pas eu, on n'aurait pas pu le faire, on n'a pas 3 millions d'euros. Surtout qu'on les a perdus ! Parce que pour être remboursé, fallait faire 5 % minimum. » Et Soral d'argumenter : « Donc, à un moment donné, ça veut dire quoi ? Ça veut dire qu'à la limite, si je vais en politique, je suis l'homme d'une puissance étrangère, ce qui est déjà très louche, je ne m'appartiens plus. Là, c'était drôle parce que c'était totale-

1. La liste ne recueillera que 1,3 % des suffrages en Ile-de-France.

ment punk, avec Dieudonné, moi... C'était quelque chose de très beau, si vous regardez artistiquement, la liste antisioniste c'est un truc qui restera dans l'histoire, parce qu'on a réussi à faire une liste de 27 personnes où y avait des musulmanes voilées, des types qui venaient de l'extrême droite pure et dure, des types qui venaient de l'extrême gauche, des types qui venaient du trotskisme italien. »

Une déclaration de Soral qu'Ahmed Moualek, son ex-colistier de la liste antisioniste, par ailleurs président de l'association et du site La banlieue s'exprime, diffusera le 24 août 2013 dans une vidéo postée sur le net, accompagnée de cette interrogation : « Soral, où est le butin de guerre ? Où sont ces 3 millions d'euros ? » Moualek est un dur de la nébuleuse Soral-Dieudonné, en pointe dans le combat contre Israël et les Juifs et amateur de néologismes. Il n'utilise plus le terme sioniste pour désigner l'ennemi, mais « juifiste », c'est-à-dire « les Juifs qui se servent du judaïsme à des fins politiques et idéologiques ». Un ennemi et un combat communs qui poussent Soral et Moualek, en août 2006, à effectuer un voyage en Syrie et au Liban avec Dieudonné, Thierry Meyssan et Frédéric Chatillon. À l'époque, tout ce petit monde était pro-Bachar, pro-Iran et pro-Hezbollah. Six ans plus tard, Moualek a lâché le clan Assad : « Si les Syriens vivaient sous le régime de Hitler, affirme-t-il dans une vidéo le 15 septembre 2013, ils seraient bien plus heureux. » Il en vient donc à demander des comptes à Soral à propos du butin iranien. La vidéo de Moualek fait un tabac. Elle est regardée des dizaines de milliers de fois. Louis Aliot, devenu l'ennemi intime de Soral, recommande même aux journalistes[1] de la visionner.

Devant le tohu-bohu provoqué par les propos de Moualek, Soral croit trouver la parade en expliquant le 27 août 2013 sur son site Égalité et Réconciliation avoir commis une erreur en parlant de 3 millions d'euros en provenance de la République islamique d'Iran. La langue de notre grand penseur aurait fourché dans un moment de « fatigue ». Il voulait dire « 300 000 euros » et non 3 millions en provenance de l'Iran. Quelle que soit la somme attribuée par les mollahs iraniens à la liste antisioniste de Dieudonné, Alain Soral, Ahmed Moualek, Ginette Skandrani ou Yahia Gouasmi, le simple fait d'avoir bénéficié d'une subvention étrangère est illégal. Comme l'a révélé *Le Charançon libéré* le 18 octobre 2013, la liste antisioniste n'a déclaré à la commission nationale des Comptes de campagne et des financements politiques que les sommes – mirifiques – de 6 691 euros de dépenses et 6 922 euros de recettes (dont 5 796 euros de dons). Les subsides iraniens n'y figurent donc pas. Ce qui laisse à penser que les comptes de la liste antisioniste sont mensongers. Une manipulation qui, à première vue,

1. Entretien avec Louis Aliot le 9 septembre 2013.

ne porte pas à conséquence : ladite commission nationale ne pouvant effectuer de recours que dans les huit mois suivant l'élection, il y aurait prescription. En revanche, l'article L 52-8 du Code électoral interdit formellement aux candidats de percevoir de l'argent d'un pays étranger et dans ce cas la prescription ne s'applique pas. « Aucun candidat, stipule l'article en question, ne peut recevoir, directement ou indirectement, pour quelque dépense que ce soit, des contributions ou aides matérielles d'un État étranger ou d'une personne morale de droit étranger. »

Tout candidat ayant accepté des fonds en violation des dispositions de l'article L 52-8 risque, selon l'article L 113-1 du Code électoral, une amende de 3 750 euros et un emprisonnement d'un an. Et dans ce cas du financement iranien de la liste antisioniste, c'est Dieudonné, considéré comme responsable en tant que tête de liste, qui devrait répondre devant la justice de cette infraction à la loi électorale.

Le national-soralisme

Allié objectif de Marine Le Pen, dont la cible principale demeure la communauté musulmane, Soral s'attaque avant tout à ce qu'il appelle « la tribu ». Quelle est leur stratégie, consciente ou inconsciente ? Y aurait-il une sorte de répartition des tâches entre la présidente du Front national et le gourou d'Égalité et Réconciliation ? En un sens, oui. Marine Le Pen s'adresse à un public plus âgé, déjà « intéressé » par la politique, anciennement à gauche, comme en Picardie, ou à une droite dure depuis toujours comme dans le Sud-Est. Un public qui est revenu des partis traditionnels et qui adhère, en gros, aux idées du Le Pen des années 1980. C'est le slogan : immigration égale chômage. Avec la touche propre aux années 2000 : immigration égale insécurité et terrorisme. Pour ces gens, le « mondialisme » est d'abord vécu par le bas : ce sont les Roms, les Africains, les Arabes qui menacent leur quotidien et, au-delà, leur identité.

Soral s'adresse, lui, à un public plus jeune qui n'a jamais voté ou très peu. Un public qu'internet remplit d'idées faussement complexes : on nous ment, la réalité n'est pas la réalité, les médias, le « lobby », la « banque », la « finance internationale » imposent leurs vues, leurs choix, leurs diktats. Un public plus antiélitiste qu'anti-immigré, et en partie d'origine immigrée lui-même. Un public enfin essentiellement masculin, qui souffre dans sa virilité. Pour ce public-là, la cible, ce sont les Juifs, les francs-maçons et aussi, souvent, les femmes et les homosexuels. Soral est davantage l'héritier de l'antijudaïsme religieux et cela fait sens puisqu'il tend aussi à se rapprocher du christianisme, « principale victime » selon lui de l'affaire Dreyfus ou de la Révolution française. L'homme n'en est pas à une incohérence près.

Dans sa perspective, le judaïsme serait l'ennemi particulariste : cultivant une mentalité séparatiste et dominatrice, il aurait pour conséquence nécessaire le « lobby » et l'occupation violente de la Cisjordanie. Néanmoins, dit-il, des Juifs particulièrement géniaux se rendent compte que c'est mal… Et deviennent antisémites. Comme Jésus, affirme-t-il, ou Marx. Un antisémitisme politique et religieux, pas racial. Mais au fond, cela revient au même, ou plutôt disons que nous nous retrouvons face aux sources mêmes de l'antisémitisme, qu'il soit de gauche ou de droite, chrétien ou païen. On a toujours reproché aux Juifs leur différence, on leur a toujours reproché, en somme, leur « racisme ». Pour mieux pouvoir les exterminer. L'objectif de Soral allié à Dieudonné est clair : faire des musulmans de France leurs alliés contre les Juifs. Il cherche ainsi à monter les musulmans contre les Juifs. Un combat malsain lancé en 2004 avec son Parti antisioniste. Depuis, il n'a de cesse de renforcer cette spirale infernale de la haine, de la violence, de l'antisémitisme et du négationnisme.

Chapitre 4

LE PROPAGANDISTE QUI NE FAIT PLUS RIRE

« Dieudonné a le crime d'Ilan sur la conscience, il a donné le permis de tuer à Fofana et son gang de barbares[1]. » Cette accusation, Ruth Halimi, la mère d'Ilan, la profère en ce mercredi 2 octobre 2013 à Paris, « à deux pas d'où Ilan a grandi », dit-elle. Dans ce quartier de la porte Dorée, près du petit parc qui porte aujourd'hui son nom, de l'endroit où habitait son meilleur ami, Karim Kiratche, un jeune musulman qui n'a toujours pas compris pourquoi les barbares de Fofana s'en sont pris à son copain juif. L'histoire tragique d'Ilan, on la connaît. Sorour, alias Emma, une jeune Iranienne de 19 ans, est utilisée pour attirer Ilan dans un guet-apens. Il est enlevé le 21 janvier 2006 puis séquestré, martyrisé, torturé et assassiné par Youssouf Fofana et son gang de barbares pendant 24 longues journées et 23 aussi longues nuits. Ilan sera découvert agonisant le 13 février 2006, le long des voies ferrées du RER C à Sainte-Geneviève-des-Bois

1. Entretien avec Ruth Halimi le 2 octobre 2013.

(Essonne) et décédera peu après lors de son transfert à l'hôpital. Un gang d'une vingtaine de personnes qui a pu agir en toute impunité, dans une cité HLM de Bagneux (Hauts-de-Seine). Si le motif du crime est crapuleux, la motivation de Fofana et de sa bande est antisémite : il s'agit d'extorquer de l'argent à la famille d'Ilan, « supposée riche car juive ».

PROPAGANDISTE CRIMINEL

Lorsque les ravisseurs se rendent compte que la famille ne dispose pas de la somme exigée – dont le montant a varié de 450 000 à 500 000 euros –, ils chargent un rabbin choisi au hasard dans l'annuaire téléphonique, nommé Thierry Zini, de récolter l'argent dans « sa communauté » pour payer la rançon. Pourquoi Ruth Halimi fait-elle ainsi le parallèle entre Fofana, son gang de barbares et Dieudonné ? Parce que Fofana utilise la même rhétorique, que les préjugés antisémites du gang des barbares apparaissent dans les auditions de ses membres devant les juges. Elle se rappelle aussi que pendant la séquestration de son fils, l'un des comparses de Fofana l'a appelée et lui a récité des sourates du Coran au téléphone. Emma, l'appât, rapporte aux enquêteurs ce témoignage à propos de Fofana : « D'après lui, les Juifs étaient les rois, car ils bouffaient l'argent de l'État et lui, comme il était noir, était considéré comme un esclave par l'État. »

Il faut entendre ce cri de Ruth Halimi : « Dieudonné leur a montré la direction à prendre. Depuis le début des années 2000, dans chacune de ses prises de parole, on avait l'impression qu'il montrait une pancarte à son public avec écrit dessus Juif égale Richesse. Alors Fofana a compris, il faut kidnapper un Juif parce que les Juifs ont de l'argent. [...] La parole, la langue est un poison, Dieudonné a boosté Fofana et sa vingtaine de complices. Il les a alimentés de ses gènes de la haine du Juif. Ils ont pris des vitamines avec lui[1]. » Huit ans après le calvaire de son fils, Ruth Halimi en est donc certaine : derrière le militantisme salafo-antisémite de Fofana, il y avait l'esprit de Dieudonné. Il est difficile d'établir un lien de cause à effet entre des propos haineux et un passage à l'acte, mais les propos de la mère d'Ilan ne peuvent pas laisser indifférent.

Cette petite dame brune à l'œil vif, au sourire éblouissant, qui pense chaque jour à son fils, qui lit beaucoup, « nous sommes le peuple du Livre, de la Loi et de la Justice », qui est croyante, affirme avoir été marquée par la lente dérive de Dieudonné. Ruth Halimi pense à cette déclaration du pseudo-humoriste à *Lyon capitale* en janvier 2002 : « Pour

1. Entretien avec Ruth Halimi le 2 octobre 2013.

moi, les juifs, c'est une secte, une escroquerie. C'est une des plus graves parce que c'est la première. » Des propos justifiés selon lui par le fait qu'il n'avait pas reçu de financement de la part du Centre national du cinéma (CNC)[1] pour son film sur l'esclavage, *Le Code noir*... Mais qui seront condamnés le 16 février 2007 par la Cour de cassation pour « injure raciale ».

Dieudonné continue de développer ses thèses, en octobre 2002, dans un entretien accordé au site Blackmap en y parlant de « peuple qui a bradé l'holocauste, qui a vendu la souffrance et la mort, pour monter un pays et gagner de l'argent », avant de poursuivre : « Il existe toujours un lobby très puissant qui a le monopole de la souffrance humaine et qui ne nous reconnaît [aux Noirs] absolument aucune existence [...] le lobby juif déteste les Noirs, vraiment ! Étant donné que le Noir, dans l'inconscient collectif, porte la souffrance, le lobby juif ne le supporte pas, parce que c'est leur business ! Maintenant, il suffit de relever sa manche pour montrer son numéro et avoir droit à la reconnaissance. » En janvier 2004 à *The Source* : « La population juive n'aime pas que je dénonce certaines de leurs manipulations médiatiques. »

La mère d'Ilan se souvient aussi de cette interview haineuse donnée par Dieudonné le 8 février

1. Le CNC est un établissement public français dont les missions principales sont de réglementer, soutenir et promouvoir l'économie du cinéma en France et à l'étranger.

2004 au *JDD* « Ce sont tous ces négriers reconvertis dans la banque, déclare alors Dieudonné à propos des Juifs, le spectacle et aujourd'hui l'action terroriste qui manifestent leur soutien à la politique d'Ariel Sharon. Ceux qui m'attaquent ont fondé des empires et des fortunes sur la traite des Noirs et l'esclavage. Ils m'accusent d'être antisémite. Ça n'a aucun sens, personne dans ma famille n'a servi dans la Wehrmacht. Mais c'est Israël qui a financé l'apartheid et ses projets de solution finale. »

Des déclarations condamnées le 10 mars 2006 en première instance à 5 000 euros d'amende pour « incitation à la haine raciale ». La 17e chambre du tribunal correctionnel de Paris estime que, « sous couvert de stigmatiser ses détracteurs, [Dieudonné] désigne à la vindicte les Juifs, en les assimilant à des marchands d'esclaves qui auraient bâti des fortunes sur la traite des Noirs, ayant ainsi tiré profit d'un crime contre l'humanité ». Le tribunal considère que les termes utilisés par l'ex-humoriste, notamment l'expression « reconvertis dans la banque et le spectacle », sont « directement inspirés de l'imagerie antisémite ». Le tribunal juge également que M'bala M'Bala se livre ainsi à des amalgames en « recourant à des stéréotypes antisémites qu'il mélange et n'hésite pas à actualiser de manière singulière ».

Dieudonné s'enracine donc dans ce créneau de la concurrence des mémoires, des souffrances, des persécutions, de la concurrence des victimes. Il choisit le costume de l'antisémitisme traditionnel et revendiqué au nom de la « cause noire ». C'est ainsi que le 16 février 2005 il affirme, lors d'une conférence de presse à Alger, que la manière dont est entretenu le souvenir de la Shoah relève de la « pornographie mémorielle ». S'il n'a pu obtenir les subventions du CNC pour réaliser *Le Code noir*, c'est un signe de plus de la puissance du « lobby » : « Avec l'argent public, on fait 150 films sur la Shoah, moi, je demande à faire un film sur la traite des Noirs, et on me dit que ce n'est pas un sujet. C'est une guerre qui est déclarée [...] au monde noir [...] 400 ans d'esclavage, et je ne vous parle même pas de la décolonisation... Et on essaie de nous faire pleurer. Soyons raisonnables. Soit on partage tout [...]. On dit : c'est la souffrance de l'humanité, et chaque fois qu'il y a un problème, on en parle, mais qu'on n'essaie pas de cette façon-là, de cette manière. Ça devient insupportable. Ça devient une overdose, oui, et puis ça devient malsain. Je crois que cette parole-là, au sein d'une république et d'une démocratie, elle a le droit d'exister. »

Le mois suivant, Dieudonné fait un passage par la Martinique. Son objectif est de recevoir l'onction de l'écrivain martiniquais Aimé Césaire qu'il rencontre le 3 mars. C'est Garcin Malsa, un écologiste indépendantiste, maire de la petite commune martiniquaise de Sainte-Anne, qui s'est activé en coulisses pour organiser cette rencontre. L'historien

Pap Ndiaye, cité par Anne-Sophie Mercier[1], va jusqu'à parler de « détournement de vieillard ». Car ce qui choque, c'est que Dieudonné est devenu au fil des années non plus un humoriste provocateur mais un propagandiste antisémite qui fonde son discours sur la théorie d'une « tribu » qui « gagne de l'argent » et qui « déteste les Noirs ».

Tout le contraire de l'engagement « universel » du grand intellectuel et poète, du grand homme qu'est Aimé Césaire, qui n'a cessé de refuser « la concurrence des mémoires », la « concurrence victimaire » entre Noirs et Juifs. Et qui le dit à son interlocuteur aveuglé.

Qu'à cela ne tienne, Dieudonné devient le pyromane de la haine, des bas instincts, de l'antijudaïsme primaire, le propagandiste d'un nouvel antisémitisme. Manuel Valls constate ainsi, le 8 juillet 2012 sur Radio J, la recrudescence d'un antisémitisme « nouveau avec une parole qui se libère », fruit notamment de jeunes qui « considèrent le Juif comme l'ennemi » et qui éventuellement se revendiquent de l'islam. « Il y a dans nos quartiers, poursuit le ministre de l'Intérieur, des jeunes ou des moins jeunes qui, au nom d'une identité qui se sentirait attaquée, décident de la manière la plus imbécile, la plus dangereuse pour nos valeurs, de s'attaquer aux juifs. Ils considèrent le Juif comme l'ennemi. » Derrière cette dérive, le discours de

1. *La Vérité sur Dieudonné*, Plon, 2005.

Dieudonné propage la haine du Juif, l'obsession du Juif tout-puissant, notamment dans les quartiers, dans les banlieues. Un discours dans lequel Fofana n'a plus qu'à s'engouffrer pour justifier le crime d'Ilan Halimi.

VENIN ANTISÉMITE

Car comme Soral, Dieudonné a instillé le venin antisémite à travers ces clichés du Juif qui dominerait tous les peuples, qui dominerait toute la planète, qui dominerait le monde de la finance, le monde du spectacle, les médias. Bref, comme Soral, Dieudonné ressuscite à la fois et dans un même élan *Le Juif Süss* et *Les Protocoles des sages de Sion*.

Et puis, entre les discours, il y a les spectacles. Dans les salles et même à la télévision. Avec ce sketch du rabbin nazi dans l'émission « On ne peut pas plaire à tout le monde » de Marc-Olivier Fogiel sur France 3, le 1er décembre 2003, Dieudonné appelle la jeunesse des cités à la révolte : « J'encourage les jeunes gens qui nous regardent aujourd'hui dans les cités, pour leur dire : convertissez-vous comme moi, essayez de vous ressaisir, rejoignez l'axe du bien, l'axe américano-sioniste. » Des propos accompagnés du salut nazi et d'un « Heil Israël ».

Plus tard, Dieudonné lancera la mode de la « quenelle », ce salut nazi inversé que les antisémites de tous bords, les déculturés en mal de reconnaissance, ou les vedettes du sport et des médias à la tête creuse et à l'humour malsain feront prospérer sur le net et les réseaux sociaux.

« Sur le plateau de l'émission du 1er décembre 2003, raconte Fogiel, on ne réalise pas tout de suite ce qui se passe. La sonorisation du studio ne fonctionne pas. Je vois que c'est un truc un peu miteux, mais je n'entends pas[1]. » Après visionnage de l'émission le lendemain sur les conseils de son frère Jean-David, Fogiel se rend compte de « la hauteur du dérapage ». Dans son émission du dimanche 5 décembre, il s'excuse de « n'avoir pas réagi sur le coup ».

Mais on ne voudra retenir de cette sale provocation de Dieudonné que l'affaire du SMS : un mini-message, parodiant le discours de Chirac sur « le bruit et l'odeur », a été rédigé par un assistant de l'émission. Ce SMS vaudra une condamnation à Fogiel « pour injures racistes » après une plainte de Dieudonné. Fogiel devient en tout cas très vite la cible de la dieudosphère. Occupations de plateaux, menaces, campagne de haine aux relents antisémites et homophobes, relayée notamment par le site Les Ogres, lancé par l'humoriste. La police lui conseille « de se protéger ».

1. Entretien avec Marc-Olivier Fogiel le 6 septembre 2013.

La carrière professionnelle de Marc-Olivier Fogiel vacille. Dix années après, il est toujours meurtri par cet épisode. Dieudonné a trouvé définitivement sa raison de haïr le Juif et un prétexte médiatique : il devient la figure, le porte-parole de la cause palestinienne.

Négationnisme militant

Quelques mois plus tard, l'ex-humoriste annonce sa candidature aux européennes sous l'étiquette Euro-Palestine. La dieudosphère commence à prospérer en diffusant un discours de haine. Autour de Dieudonné, une kyrielle de militants adeptes de la théorie du complot, des antisémites de toutes obédiences, des négationnistes militants, des islamo-salafistes, des islamo-fascistes.

Parmi eux, la fidèle Ginette Skandrani, cofondatrice des Verts et coéditrice d'un faux antisémite *Le Manifeste judéo-nazi d'Ariel Sharon*. Elle sera d'ailleurs exclue des Verts en 2007 pour négationnisme. Il y a aussi Serge Thion, exclu du CNRS en 2000 pour négationnisme (il intervient dans le site dieudo.net sous le pseudo de Serge Noith). S'ajoutent Assani Fassassi, proche du régime de Mouammar Kadhafi et animateur du Collectif des filles et fils d'Africains déportés (Coffad), le facho-islamiste Mohamed Latrèche, le président du très radical

Parti des musulmans de France (PMF), Maria Poumier, enseignante à l'université Paris-VIII-Saint-Denis et qui fut proche de Roger Garaudy, qui diffuse des écrits négationnistes, et bien sûr Alain Soral, qui rejoint le comité de soutien de la liste Euro-Palestine.

Un voisinage brun-vert qui conduit Dieudonné à se rapprocher du Front national de Jean-Marie Le Pen en 2005, en multipliant les prises de parole dans la presse d'extrême droite. En juin 2005, dans Novopress.info, un site d'information proche du Bloc identitaire, il dénonce la connerie des « sionistes », trois mois seulement, donc, après s'être fait le chantre de la négritude devant Aimé Césaire en Martinique, il choisit de s'exprimer sur un site de l'ultra-droite. Un comble !

« Je ne prononce pas le mot juif, expliquera Dieudonné un peu plus tard. Après mes différents procès, j'ai compris qu'il pouvait y avoir interprétation sur ce mot, alors que sur sioniste, il n'y a pas d'interprétation possible. » Dieudonné s'arroge ainsi le droit d'utiliser les vieux clichés antisémites en remplaçant le terme juif par celui de sioniste.

Avril 2006 : le voici qui poursuit son incursion dans la presse facho en faisant le lien entre Jean-Marie Le Pen et lui dans *Le Choc du mois* : « Il est la vraie droite, je suis la vraie gauche, le Nouvel Empire n'aime ni les uns ni les autres. » De là naît une idylle entre les deux hommes. À partir de 2005 et bien qu'il ait été un militant anti-FN au début des années 1990, Dieudonné devient un compagnon de route du clan Le Pen. « Jean-Marie, confie Louis Aliot, ce qu'il trouve de bien chez Dieudonné, c'est qu'il ait commencé dans des combats anti-Front en étant candidat contre Marie-France Stirbois, puis ait rompu avec le système en mettant sa carrière en jeu[1]. »

Le Pen père considère aussi que Dieudonné est « un type iconoclaste ». Marine Le Pen le confirme : « Le Pen [elle nomme ainsi son père] aime les parias, les provocateurs. Moi, je ne l'ai jamais vu, je ne voulais pas le croiser et je m'étais planquée, lors de la fête Bleu blanc rouge [de novembre 2006], dans le commissariat général parce que je n'avais pas envie de le voir. À chaque fois que vous parlez de lui, vous, les journalistes, vous lui faites de la pub. Vous lui faites gagner du pognon, et c'est ça qu'il cherche[2]. » Pour une fois, Jacques Chirac serait d'accord avec elle, lui qui refusait de parler de l'extrême droite en général : « Quand il ne parle jamais de quelqu'un, rapporte Claude Chirac, c'est qu'il ne l'aime pas. Le silence, c'est pour lui la condamnation suprême. Pour lui, Le Pen était un non-sujet, il n'existait pas. [...] L'extrême droite, c'est le mal absolu, la détestation absolue, l'anti-France.[3] »

1. Entretien avec Louis Aliot, le 9 septembre 2013.
2. Entretien avec Marine Le Pen, le 27 novembre 2013.
3. Entretien avec Claude Chirac le 17 octobre 2013.

« Tout ne me plaît pas chez Dieudonné, a confié le père de Marine à son entourage familial, mais le seul fait qu'il soit contre le système me le rend sympathique. Et en plus, il est à moitié breton[1]… » Le glissement vers l'extrême droite de Dieudonné se poursuit. Tous les tabous sont brisés, toutes les digues sont rompues. Une dérive fulgurante, toujours plus radicale sous couvert de provocation artistique.

Son ex-complice Élie Semoun y perd son hébreu. Le 23 février 2004, celui qui a longtemps mené une carrière en duo avec Dieudonné publie une lettre dans les colonnes de *Libération*. Une lettre nostalgique d'adieux au complice, au « bouffon » d'une autre époque. Semoun dit avoir « l'impression d'avoir été trahi » mais espère toujours revoir « Dieudo » dans ce qu'il sait « faire de mieux ». C'est le pire que choisit Dieudonné M'bala M'bala. De l'humour il passe à la politique, tout en continuant à se considérer comme un humoriste. Il veut jouer sur les deux tableaux. Déjà en 2000, il avait annoncé son intention d'être candidat à la présidentielle de 2002 pour incarner la « troisième gauche verte ».

Avec à la clé le début de son engagement censé « défendre la négritude » et mettre en garde contre « un deux poids deux mesures » dans l'indemnisation des descendants des victimes de crimes historiques. Dans un article de Bénédicte Charles

1. Entretien avec Louis Aliot, le 9 septembre 2013.

publié dans *Marianne* le 8 mars 2004, un certain Jean, qui se définit comme « musulman, malgache et sénégalais », s'insurge : « Moi, je désapprouve Dieudonné. Il est antisémite. Je n'aime pas non plus Michel Leeb. Mon père a fait 39-45. Pas celui de Dieudonné, et ça se voit. Si son père avait fait cette guerre, [...] il n'essaierait pas d'activer la haine. » Et de marteler : « Les Noirs, les Juifs, les pauvres : c'est la trilogie souffrante de l'humanité. » Le problème, c'est que pour Dieudonné il n'y a pas de « trilogie », il n'y a qu'une tribu, qui serait responsable de tous les maux passés et à venir de l'humanité. Son virage antisémite est définitivement pris. Du « deux poids deux mesures », du thème récurrent de l'argent qu'auraient les Juifs à la différence des Noirs, on en vient vite aux dérapages, contrôlés ou non. La dieudosphère prolifère dans les cieux nauséabonds de l'antisémitisme traditionnel.

Le paravent antisioniste

Point d'orgue de son compagnonnage avec la galaxie Le Pen : le *coming-out* frontiste de Dieudonné le 11 novembre 2006 au Bourget, à la fête Bleu blanc rouge (BBR) du FN. Il s'agit officiellement pour l'ex-humoriste de répondre à la « main tendue par le FN aux Français d'origine étrangère ». En guise de renvoi d'ascenseur, Le Pen assiste en décembre 2006 au spectacle de Dieudonné au Zénith. Autour de Le Pen père, son épouse Jany, Alain Soral, Frédéric Chatillon, Thierry Meyssan, plus un certain nombre de cadres du FN tels Bruno Gollnisch, Jean-Michel Dubois, Dominique Joly. Alain Soral, alors membre du comité central du Front national, jubile. Il semble bien lointain, le temps où l'idéologue qualifiait l'humoriste M'bala M'Bala « d'ex-comique inculte et désormais pas drôle » et lui reprochait de détenir « une énième rente de culpabilisation communautaire[1] ». Les deux hommes sont devenus complices. Il s'agit pour eux de mener un combat en tandem contre ce que Soral désigne par « cette communauté invisible » ou « le lobby juif ». Un combat qui va passer par la vraie-fausse campagne de Dieudonné à la présidentielle de 2007. Il choisit comme directeur de campagne un dénommé Marc George, alias Marc Robert, un dirigeant du FN, proche du régime baasiste irakien. Dieudonné veut surtout utiliser la tribune de cette pseudo-campagne pour diffuser sa propagande mortifère. En France comme à l'étranger.

Désormais, la nébuleuse Soral-Dieudonné marche à plein régime : idéologie d'extrême droite assumée et points communs avec la droite extrême dans ses

1. Alain Soral, *Jusqu'où va-t-on descendre ?*, Éditions Blanche, 2002.

amitiés proche-orientales. Du 27 au 30 août 2007, Dieudonné effectue ainsi un voyage au Liban et en Syrie. Autour de lui, une fine équipe : Frédéric Chatillon, à la fois l'ami de la Syrie et le confident de Marine Le Pen, Thierry Meyssan, le conspirationniste en chef et fondateur du Réseau Voltaire, Ahmed Moualek, président de l'association d'extrême droite La Banlieue s'exprime, Marc Robert, son coordinateur de campagne, Joss, son garde du corps, et Alain Soral.

Un voyage destiné à renforcer l'image « anti-impérialiste » et « antisioniste » de Dieudonné dans les banlieues. Pseudo-candidat à la présidentielle, il va chercher à Damas et à Beyrouth des encouragements dans son combat contre le « lobby ». À Beyrouth, Dieudonné rencontre le président Émile Lahoud, un vassal de la Syrie, le général chrétien Aoun, allié lui aussi de la Syrie, et quelques responsables du Hezbollah. Il croise aussi inopinément le révérend américain Jesse Jackson. À Damas, Dieudonné est pris en charge par le clan Assad. Au programme, des rencontres avec des dignitaires du régime et une entrevue avec Hugo Chavez, qualifié par Dieudonné de « chef de la résistance mondiale à l'impérialisme américain ». Cinq jours en Syrie et au Liban qui auraient été largement financés, selon la presse libanaise de l'époque, par la famille du général Tlass.

Les Tlass père et fils ont la même spécialité : un goût prononcé pour la violence et l'argent. Moustafa, le père, a été le ministre de la Défense de Hafez el-Assad : il est le responsable du massacre de Hama en 1982 et de la brutale répression des Frères musulmans insurgés, qui fit entre 20 000 à 40 000 morts. Manaf, le fils devenu général comme son père, a été le confident de Bachar el-Assad avant de faire défection en 2011.

La croisade « anti-lobby » de Dieudonné passe ensuite par l'Iran. Avril 2006, février 2007, novembre 2009, décembre 2010 : quatre visites, quatre coups de communication, quatre occasions de prendre fait et cause pour le régime des mollahs et du président iranien Mahmoud Ahmadinejad, qui s'est fixé comme objectif de détruire Israël. Au cours de sa troisième visite à Téhéran, il déclare lors d'une conférence de presse, le 28 novembre 2009, avoir reçu des fonds iraniens pour son « combat culturel » contre le sionisme, à la hauteur de ceux de Hollywood qui est « le bras armé de la culture sioniste ». En clair Dieudonné est, comme Soral, l'un des tenants du parti de l'étranger en France. Ce tandem de la haine, de la négation et de l'antisémitisme va chercher son financement au cœur de la galaxie criminelle des Assad et de celle des mollahs iraniens qui financent les attentats en France depuis les années 1980.

Après le Liban du Hezbollah, la Syrie du clan Assad, l'Iran de la dictature des mollahs, Dieudonné trouve une nouvelle terre promise, la dictature libyenne, et un nouveau frère d'armes en la personne de Mouammar Kadhafi. En mars 2011, en pleine guerre civile, le voilà donc à Tripoli « pour rencontrer le colonel Kadhafi afin de protester contre l'agression occidentale ». « Kadhafi, y clame-t-il, est bien plus honnête que Nicolas Sarkozy. » Un président français relégué au rôle de pantin de Bernard-Henri Lévy, représentant du « lobby juif français, du lobby sioniste, lobby américain ». Bref, le chef de l'État serait sous l'influence des Juifs. Et pour bien le souligner, Dieudonné est accompagné dans son voyage par une délégation sur mesure, composée de deux militantes de la négation de la Shoah, Maria Poumier et Ginette Skandrani.

L'axe Dieudonné

Finalement, ses choix ne répondent pas à une analyse approfondie. Les régimes de Kadhafi et de la République islamique d'Iran étaient plutôt rivaux qu'amis. Peu importe pour Dieudonné, la géopolitique se résume à deux axes. Celui du bien étant constitué de tout ce qui s'oppose aux États-Unis et au « sionisme ». « Les ennemis de mes ennemis sont mes amis » il croit donc devoir soutenir tous les adversaires d'Israël, quelles que soient leurs divisions : Libyens, Iraniens, Syriens,

Irakiens… Au fond, Dieudonné suit le même raisonnement que George Bush, dont il critiqua le défaut de charisme en le comparant à celui de Ben Laden.

On dit parfois que certains conservateurs du fin fond des États-Unis ne savent pas situer plus de trois pays, dont le leur, sur une carte, et qu'ils en sont restés au monde bipolaire de la guerre froide. Le cas échéant, ils auront remplacé, la chute du Mur et le 11 septembre aidant, l'URSS par les « Arabes » et les gauchistes d'Amérique latine. Ils ressemblent au « Sylvestre » des « Guignols de l'info ». Dieudonné est le symétrique inversé de ce Sylvestre.

Militant anti-Le Pen au début des années 1990, Dieudonné est depuis devenu son allié, allant jusqu'à le choisir comme parrain de sa troisième fille en juillet 2008. Le baptême de l'enfant a lieu à Bordeaux, dans la paroisse traditionaliste de Saint-Éloi. C'est l'abbé Philippe Laguérie, ancien curé de Saint-Nicolas-du-Chardonnet, l'un des tenants de l'Église traditionaliste en France, qui officie. Du traditionalisme au négationnisme, il n'y a qu'un pas que Dieudonné franchit allègrement. Il côtoie les négationnistes militants : les Roger Garaudy, Serge Thion, Ginette Skandrani, Jean Brière, Paul-Éric Blanrue, Pierre Guillaume ou Robert Faurisson deviennent les « penseurs » de la galaxie de Dieudonné, de la nébuleuse qu'il forme avec Alain Soral et Égalité et Réconciliation. Une rhétorique infâme développée à longueur de spectacles, de vidéos, d'apparitions dans les médias... mais aussi de procès.

Car Dieudonné est devenu au fil des années un familier des prétoires, un multirécidiviste de délits de provocation à la haine raciale, de diffamation et d'injures raciales, de propos antisémites et négationnistes. Condamné à de nombreuses reprises par les tribunaux, il bénéficie d'ailleurs d'une curieuse indulgence, qui lui a permis d'organiser son insolvabilité en toute quiétude tout en poursuivant son activité de propagandiste. « Je viens d'être condamné à 28 000 euros d'amende pour *Shoahnanas*[1], se lamente-t-il le 28 novembre 2013 devant la 17e chambre du TGI de Paris[2], alors que je ne gagne que 50 000 euros par an, que j'ai sept enfants et que j'ai de graves problèmes physiques. » Il va nous faire pleurer... Le net est pour Dieudonné, comme pour Soral, son champ d'action, son champ de bataille, son royaume. Mais son théâtre de la Main-d'Or demeure son lieu de ralliement, où se retrouvent tous les nouveaux antisémites de France. Depuis longtemps, Dieudonné n'est

1. Condamnation par la cour d'appel de Paris pour diffamation, injure et provocation à la haine et à la discrimination raciale, pour des propos et une chanson dans deux vidéos diffusées sur internet. Dieudonné est venu le même jour soutenir Robert Faurisson qui poursuivait la journaliste Ariane Chemin et le journal *Le Monde* pour injure publique : dans un article, le quotidien avait présenté l'historien comme un « menteur professionnel », un « falsificateur » et un « faussaire de l'histoire ».

2. Comparé à Hitler par Patrick Timsit, Dieudonné a porté plainte contre ce dernier et assiste le 28 novembre 2013 à l'audience de fixation du procès.

plus un humoriste : c'est un agitateur de haine. Son humour brille d'ailleurs, disons-le au passage, par son manque total d'inventivité, d'audace ou d'originalité. S'il n'était le vecteur de menaces pour les Juifs et la République, on ne remarquerait pas davantage ses sketches lamentables que ceux d'André Boursault, le « Bip Bip » des *Bronzés*.

C'est dire, étant donné son succès, comme on est tombé bas : un humour vulgaire qui croit ressusciter le génie de Coluche, mais sans grâce aucune, en se contentant de hurler des « enculé » et des « merde ». Dieudonné se prenant pour Coluche, c'est un peu Napoléon le Petit croyant rééditer les victoires de son oncle.

Assassin de l'histoire

Si Soral se proclame aujourd'hui national-socialiste, son compagnon de route Dieudonné manifeste un antisémitisme non moins exacerbé, qu'il cache derrière des masques : ceux d'un pseudo-justicier de la cause noire, d'un faux soutien de la cause palestinienne, d'un Tartuffe de la cause du peuple, alors qu'il est de fait un repris de justice, un négateur de l'histoire, un soutien des dictateurs. Dieudonné et Soral sont, comme l'écrivait en 1981 l'historien Pierre Vidal-Naquet, des « assassins de l'histoire ». « Face à un Eichmann réel, expliquait ce dernier, il fallait lutter par la force des armes et, au besoin, par les armes de la ruse. Face à un Eichmann de papier, il faut répondre par du papier. Nous sommes quelques-uns à l'avoir fait et nous le ferons encore. Ce faisant, nous ne nous plaçons pas sur le terrain où se situe notre ennemi. Nous ne le "discutons pas", nous démontons les mécanismes de ses mensonges et de ses faux, ce qui peut être méthodologiquement utile aux jeunes générations[1]. »

Dieudonné et consorts sont devenus en ce début du XXIe siècle, pour reprendre la formule de Vidal-Naquet, « des Eichmann du net et des réseaux sociaux ». Les vidéos de Dieudonné sont visionnées occasionnellement jusqu'à plus de un million de fois. Lui comme Soral se croient intouchables, se voient en stars, se considèrent comme tout-puissants à travers le magnétisme qu'ils exercent sur la jeunesse, notamment celle des quartiers défavorisés[2], dont la vérité et la culture sont celles de la nébuleuse Soral-Dieudonné. Pour ce public réceptif aux thèses conspirationnistes, tout est faux dans les médias « aux mains des Juifs », tout est faux dans les livres d'histoire, inspirés par les Juifs. La seule vérité, la seule histoire du monde, sont celles décrites par

1. Pierre Vidal-Naquet, *Les Assassins de la mémoire*, Maspero, 1981.

2. Un exemple : après avoir été mis en cause par Manuel Valls lors de l'université d'été du PS à La Rochelle le 24 août 2013, Dieudonné réplique à travers une vidéo. En quelques jours, celle-ci est vue plus de un million de fois, pour atteindre environ 1,7 millions de connexions en trois mois.

Dieudonné, par Soral, par les sites et comptes Twitter liés à Égalité et Réconciliation, à Islam et info à « PAS L'Info ! » à Tariq Ramadan ou encore au Centre Zhara et à son leader Yahia Gouasmi, un homme clé de la nébuleuse Soral-Dieudonné.

Gouasmi collectionne les fonctions : il est le président de la Fédération chiite de France et du Parti antisioniste (PAS). Gouasmi, qui entend très officiellement « éradiquer toutes les formes de sionisme dans la nation », « libérer l'État, le gouvernement et les médias de la mainmise sioniste » et « redonner le pouvoir à la France et aux Français », est en fait un islamiste, un antisémite et négationniste de la pire espèce. Soral l'idéologue, Dieudonné le propagandiste et leurs complices ont trouvé leur créneau : celui du mensonge de masse via la Toile. Avec parfois des dérapages, liés tant à la nature d'Internet qu'à l'usage imprudent qu'ils en font.

Le fric de Dieudonné

Le 26 novembre 2013, le site JSS-NEWS publiait un échange de mails sanglants entre Alain Soral et Noémie Montagne, la compagne de Dieudonné. Un échange débouchant le 25 septembre à 3 h 42 sur cette phrase culte de Soral à Montagne : « J'espère que demain il ne faudra pas aussi vous payer des droits pour être antisémite ? » Car à l'origine de cette altercation sur le net, il y une histoire de gros sous entre Soral et M'bala M'bala. « Je comprends, commence par écrire la femme de Dieudonné à Soral le 24 septembre à 9 h 58, que nous puissions être des alliés face au sionisme mais une association complète avec Égalité et Réconciliation ne saurait être judicieuse pour l'image de Dieudonné. Non pas qu'il s'oppose à vous mais uniquement parce que Dieudonné veut rester INDÉPENDANT. Il n'adhère d'ailleurs à aucun parti. Il est Dieudonné. [...] chacun son bissness [sic] et nous, nous gérons son IMAGE. »

Réplique de Soral le 24 septembre à 15 h 02 : « Ces petites crises de nerfs, très féminines, sont très contre-productives et dangereuses en ce moment, alors que Valls est chargé de tout faire pour nous séparer, Dieudonné et moi. Votre gestion humaine bordélique – pour ne pas dire plus – me vaut déjà l'effet MOUALEK. » Une allusion au pavée dans la marre lancé par Ahmed Moualek autour du financement par l'Iran de la liste antisioniste aux européennes de 2009. Noémie Montagne ne fait ici que confirmer que l'argent est au centre du combat de la nébuleuse Soral-Dieudonné. C'est business Dieudonné contre business Soral. « Régulièrement, écrit JSS-News, et depuis 2007, Dieudonné fait des appels aux dons (pour “payer ses déboires judiciaires”, dit-il, ce qu'il n'a jamais fait[1]). Et il reçoit un

1. La Licra le confirme : par un jugement du 10 mars 2006, le TGI de Paris a condamné Dieudonné à payer à la Licra un euro de dommages et intérêts et 3 000 euros au titre de l'art 475-1 du code de pro-

maximum d'argent. Son public ne sait pas qu'il a été spolié car cet argent envoyé en masse n'a jamais servi à payer la moindre de ses amendes et condamnations pénales (vérifications effectuées) mais a été intégralement détourné à d'autres fins. [...] Oui mais voilà, a-t-il réellement besoin d'argent ? »

Pas sûr, selon JSS-NEWS, qui a calculé que le produit des spectacles au Théâtre de la Main d'Or, de la vente des produits dérivés et des abonnements de la dieudosphère ou encore les ventes d'alcool et de plats cuisinés au Bar Licence IV du Théâtre seraient en mesure de rapporter 787 000 euros en trois mois pour la partie spectacles, auxquels s'ajouteraient 873 000 euros pour le reste. On est donc très loin des 50 000 euros de revenus annoncés par Dieudonné devant la 17e Chambre du TGI de Paris le 28 novembre... C'est sans doute pour arrondir les fins de mois que sa compagne a déposé les marques « quenelle » et « quenelle + ». Dieudonné est bien installé dans le système. Soral devra-t-il un jour lui payer des « droits à la quenelle » ?

---

cédure pénale (CPP). Par un arrêt du 15 novembre 2007, la cour d'appel de Paris a condamné Dieudonné à payer à la Licra 2 000 euros au titre de l'art 475-1 du CPP. Par un arrêt du 15 décembre 2010, la cour d'appel de Reims a condamné Dieudonné à payer à la Licra 10 000 euros à titre de dommages et intérêts. Par un arrêt du 17 mars 2011, la cour d'appel de Paris a condamné Dieudonné à payer à la Licra 500 euros au titre de l'art 475-1 du CPP. Ces condamnations sont aujourd'hui définitives et exécutoires. Au total, Dieudonné doit 51 500 euros d'amendes jamais versées à SOS Racisme et 15 500 euros à la Licra dans le cadre de ses condamnations pour injures raciales, provocation à la haine raciale ou diffamation raciale.

L'HABITUÉ DES PRÉTOIRES

Le 26 décembre 2008, lors de la dernière représentation de son spectacle *J'ai fait l'con,* Dieudonné décerne le prix de « l'infréquentabilité et de l'insolence » au négationniste Robert Faurisson. Un spectacle que la vieille extrême droite lepéniste ne voulait surtout pas rater. Ce jour-là, Jean-Marie Le Pen et un certain nombre de dirigeants du Front national sont dans la salle et applaudissent grassement leur ami et complice M'bala M'bala. Kémi Séba, le chef de la Tribu Ka, un groupuscule censé représenter les Noirs de France mais surtout violemment antisémite, est lui aussi dans la salle. Et il applaudit, il se marre. C'est tellement drôle !

Le comique s'est mué en procureur, en Eichmann des prétoires. Dieudonné devient l'accusateur de ceux qui lui résistent. Comme ce 19 septembre 2013 au tribunal correctionnel de Paris. Il a déposé plainte contre SOS Racisme et Cindy Léoni, présidente de l'association antiraciste. Une plainte ubuesque pour diffamation et injures. Le crime de Léoni est d'avoir déclaré : « Dieudonné ne fait plus rire personne. » Dieudonné est soutenu dans sa plainte par le négationniste Robert Faurisson et une brigade de coplaignants habitués des cours d'assises. Car, dans son camp, on remarque un détenu de la centrale de Bapaume présent à l'audience et sept autres qui purgent de lourdes peines à la centrale de Poissy. Ces derniers sont invités à répondre aux questions du tribunal via un système de vidéoconférence. Parmi eux, un certain Youssouf Fofana, homonyme du chef du gang des barbares assassin d'Ilan Halimi – le choix de cette homonymie n'est pas un hasard –, et un couple de criminels, Alfredo Stranieri et Germain Gaiffe mariés l'été précédent à la maison centrale de Poissy, avec Dieudonné et le terroriste Carlos comme témoins de mariage… et peut-être de moralité. Stranieri, un tueur en série condamné en 2003 à la réclusion criminelle à perpétuité assortie d'une peine de sûreté de vingt-deux ans. Gaiffe, condamné en 2003 à trente ans de réclusion criminelle assortis d'une période de sûreté de vingt ans pour avoir assassiné et découpé sa victime en morceaux.

Dieudonné croit sans doute impressionner les juges et la partie adverse avec sa bande de co-plaignants criminels, son escorte de gros bras. Ce jour-là, il n'aura pas gain de cause et sera débouté. Par ailleurs, il s'est acoquiné avec l'ex-avocat du milieu, Karim Achoui, qui lance à la mi-2013 la Ligue de défense judiciaire des musulmans. Peut-être que, à l'image des prédicateurs islamo-salafistes, Dieudonné voudrait étendre son audience dans les prisons…

LES GROS BRAS DE LA TRIBU KA

Autre « associé » de la dieudosphère : Stellio Capo Chichi, alias Kémi Séba. En 2004, c'est lui qui a fondé la Tribu Ka, un mouvement se présentant comme le défenseur du « peuple noir ». Une organisation qui a choisi le même créneau que Dieudonné : un militantisme antisémite sous couvert d'antisionisme. En février 2006, après le meurtre d'Ilan Halimi, Séba menace, dans un mail envoyé à des associations juives, de s'en prendre physiquement aux rabbins français si « un des cheveux du frère Youssouf Fofana était effleuré ». Le dimanche 28 mai suivant, 40 membres de la Tribu Ka se rendent rue des Rosiers pour se livrer à une véritable marche musclée à caractère antisémite dans le quartier juif historique de Paris. La Tribu Ka sera dissoute le 26 juillet suivant, en Conseil des ministres, son interdiction étant fondée sur la loi du 10 janvier 1936 « relative aux groupes de combat et milices privées », qui interdit les groupements qui « propagent des théories qui justifient ou encouragent à la discrimination, à la haine et à la violence du fait de leur religion ou origine ethnique ».

L'affaire de la rue des Rosiers vaudra à Kémi Séba une condamnation par la justice en 2008. Depuis, il fait des allers-retours entre la France et le Sénégal. En mai 2013, Dieudonné l'a invité au théâtre de la Main-d'Or pour y présenter et y dédicacer son livre *Supra-négritude*. Des amis, des partenaires, des gros bras, des groupies sur lesquels Dieudonné s'appuie pour lancer et faire prospérer des modes brunes, ou la chanson *Chaud Ananas*, qui parodie *Chaud Cacao* d'Annie Cordy en déviant ses paroles avec des allusions évidentes à la Shoah.

LE SALUT NAZI INVERSÉ

C'est dans cette perspective qu'il faut comprendre la « quenelle ». Ce geste inventé par Dieudonné : un bras et sa main sont tendus vers le bas, l'autre bras est plié de manière à placer sa main à plat sur l'épaule ou le bras opposé. C'est selon Dieudonné tantôt un geste « pour enculer le système », tantôt un geste « contre ceux d'en haut », c'est-à-dire les hommes politiques au pouvoir, les grands groupes financiers et les médias. La quenelle, devenue en réalité le signe de reconnaissance de la fachosphère, est désormais considérée comme un salut hitlérien à l'envers.

Si, en 2009, dans *Libération*, Dieudonné se réjouissait à « l'idée de glisser [sa] petite quenelle dans le fond du fion du sionisme[1] », il préfère désormais y voir un signe de ralliement « révolutionnaire ». Il est tellement révolutionnaire de se faire

1. *Libération* du 12 septembre 2013.

photographier en faisant une quenelle comme Soral devant le mémorial de la Shoah à Berlin, comme ces deux militaires devant une synagogue du 16e arrondissement de Paris, comme Le Pen et Gollnisch avec trois crânes rasés avant de faire diffuser la photo sur le net ou, comme un skinhead, négationniste notoire, dans la rue de la Juiverie à Lyon. Il est tellement révolutionnaire et drôle d'apparaître comme l'exclu du système en moquant le génocide du peuple juif, en niant la Shoah, en salissant la mémoire, en menaçant ou en faisant menacer ses adversaires par ses séides. Il est tellement révolutionnaire, dans le cadre d'un dialogue avec Serge Ayoub diffusé sur le net le 30 juillet 2013, de tenter de réhabiliter les JNR après le meurtre de Clément Méric : « Bon, ben écoute, lance Dieudonné, ce qui me paraît évident c'est que nous, on tombera pas dans le piège… On représente bien la France d'en bas, cette France qui a différentes origines, différentes histoires, mais qui finalement… On a le même ennemi, quoi… » Ayoub : « On a le même ennemi, c'est une évidence… »

« Des allusions, écrit alors Bruno Roger-Petit dans *Le Plus* du *Nouvel Obs*, ces codes, ces circonlocutions qui ne sont là que pour éviter de tomber sous le coup de la loi pénale. » Car chez Dieudonné, le non-dit est toujours le même, au point que ses interlocuteurs comprennent à demi-mot son antisémitisme. La dieudonnisation des esprits est en marche. Elle représente un danger mortel pour la démocratie et le vivre ensemble.

Chapitre 5

LA DÉMOCRATIE MENACÉE

« L'extrême droite a tenté de déstabiliser l'armée et l'État. » Cette phrase choc, Jean-Marc Ayrault la prononce le lundi 7 octobre 2013 dans son bureau au premier étage de l'hôtel Matignon[1]. Des accusations fondées sur des faits précis, réitérées à plusieurs reprises au cours d'un peu plus de trente minutes d'entretien.

Retour au début du mois de juin. Une nouvelle revue vient d'être lancée. Son nom, *La Revue de l'Arsenal.* C'est l'émanation de la revue électronique *Le Lys noir*, spécialisée dans la défense et qui se définit comme l'organe militaire du M6M, le Mouvement du 6 mai. Une allusion au 6 mai 2012, date de l'élection de François Hollande à la présidence de la République, rebaptisée par le journal « le crime antipeuple » du 6 mai. « Un mouvement, résume une note de renseignement envoyée aux principaux responsables de l'État (président de la République, Premier ministre, ministre de la

1. Entretien avec Jean-Marc Ayrault le 7 octobre 2013.

Défense, ministre de l'Intérieur), visant à fédérer plusieurs groupes nationalistes qui poursuit sa manœuvre en publiant *La Revue de l'Arsenal*, à destination de la communauté militaire, et à faire adhérer un grand nombre de militaires à ses thèses politiques. » Les « services » voient dans le mouvement M6M le rassemblement des Cellules solidaires anarcho-royalistes (CSAR), dont le sigle est le même que celui de la Cagoule (Comité secret d'action révolutionnaire), organisation d'extrême droite terroriste qui avait tenté un coup d'État dans les années 1930.

À la tête de cette « publication subversive », un certain Rodolphe Crevelle, militant depuis trente-cinq ans au sein de l'extrême droite radicale. Un catholique intégriste et royaliste qui annonce un tirage de 10 000 exemplaires pour la version papier et 105 000 envois par mail[1] pour le premier numéro de *La Revue de l'Arsenal*.

Appel au putsch

Si Jean-Marc Ayrault n'hésite pas ce 7 octobre à parler d'opération de déstabilisation de l'armée et de l'État par l'extrême droite, c'est qu'il se fonde sur sa lecture de cette revue, qui titre en une de son

1. Conversation téléphonique avec Rodolphe Crevelle le 25 octobre 2013.

premier numéro[1] « Le grand mécontentement militaire » et exige un coup d'État. La revue appelle en effet trois généraux à renverser le gouvernement, à fomenter un putsch. Sont désignés le général Benoît Puga, chef d'état-major du président de la République, le général d'armée Pierre Le Jolis de Villiers de Saintignon, frère de Philippe de Villiers (il fut le chef du cabinet militaire de François Fillon avant de devenir en 2010 major général des armées), et le général de deuxième section Bruno Dary, ancien gouverneur militaire de Paris, parti à la retraite le 16 juillet 2012, coorganisateur de la Manif pour tous.

La publication de *La Revue de l'Arsenal* est suffisamment prise au sérieux pour que le jeudi 6 juin Jean-Yves Le Drian, ministre de la Défense, fasse part de sa stupéfaction et de ses inquiétudes à Jean-Marc Ayrault, dans le cadre de l'entretien qu'il a avec lui un jeudi sur deux. Un peu plus tôt dans la semaine, François Hollande a ordonné la mise en place d'un dispositif de contrôle de Crevelle et de son petit groupe. Il souhaite qu'on le surveille de près et veut être informé de l'évolution de la situation.

Le chef de l'État considère que la priorité est de savoir s'il y a une cristallisation autour de l'appel de Crevelle et de sa revue, si le phénomène s'amplifie, si le site de Crevelle suscite ou non un intérêt croissant.

1. Du 1er juin 2013.

Ce premier numéro de *La Revue de l'Arsenal* provoque de fait un véritable choc dans les couloirs du pouvoir, au ministère de la Défense, à l'Élysée et à Matignon comme à l'État-Major des armées. Car les trois généraux cités par Crevelle, sous le pseudonyme de Netchaev, ont un point commun : ils sont tous les trois catholiques traditionalistes. Selon *La Revue de l'Arsenal*, Puga, Villiers et Dary auraient dû et auraient pu être le fer de lance d'un sursaut au sein de l'armée. Mais Netchaev déplore dans son article qu'ils ne soient « prêts à rien de décisif », avant de considérer que « le salut viendra des capitaines ».

Le général Puga prendra d'ailleurs l'initiative d'en parler directement au président de la République, le numéro de la fameuse revue en mains, le 3 juin. S'estimant injustement mis en cause, il préfère prendre les devants en venant expliquer au chef de l'État que l'on cherche à déstabiliser Villiers, Dary et lui-même, que l'état-major militaire du président est visé et donc, au-delà, l'armée française et l'État. Devant Hollande, Puga balaie d'un revers de la main tout soupçon qui pèserait sur lui du fait que son frère, l'abbé Denis Puga, proche de Civitas, officie à Saint-Nicolas-du-Chardonnet aux côtés de l'abbé Beauvais, surnommé « l'Abbé aux Rangers ». Le président considère que le général n'a ni à se justifier ni à faire la preuve de sa loyauté : il s'agit pour lui d'une campagne qui n'a aucun fondement. Le chef de l'État a très vite compris qu'on essayait de le manipuler pour lui faire prendre des sanctions contre de très haut gradés de l'armée française.

Cette assurance, Puga la réitère devant le Premier ministre qu'il croise à la même époque. Jean-Marc Ayrault lui lance sur le ton de la plaisanterie : « Qu'est-ce que vous avez, mon général, vous préparez un complot contre le président ? » Puga répond dans une sourde colère : « Vous parlez d'une histoire ! On a essayé de me foutre en l'air. C'est du billard à trois bandes. On a voulu me déstabiliser. » Le chef d'état-major particulier du président de la République a très mal pris qu'on lui prête des idées subversives : « Un général royaliste et tradi parvenu au sommet de l'armée de la République peut-il avoir déjà pensé à marcher sur l'Élysée avec quelques troupes ? » s'interroge en page 17 de la revue un certain Jean-Baptiste Ravachol, sans doute un autre pseudonyme de Crevelle. « Bien sûr que oui, il l'a pensé, c'est sûr. Mais ce qui est certain, c'est que jusqu'à présent, il l'a formellement exclu… Dommage pour nous. »

L'ombre d'Ayoub

À la demande expresse du président Hollande, la DPSD (Direction de la protection et de la sécurité de la défense), en clair le service de renseignement de l'armée, est saisie du dossier Crevelle. Ses conversations téléphoniques sont écoutées, ses déplacements surveillés, son site internet placé sous contrôle.

Les allusions faites dans la presse au projet putschiste de Crevelle[1] auront un effet pervers : en quelques jours, plus de 100 000 connexions sont comptabilisées sur le site en question. Parmi les interlocuteurs réguliers de Crevelle, Serge Ayoub. Les deux hommes se connaissent depuis vingt-cinq ans. Crevelle juge le chef des JNR « intelligent » et précise qu'ils sont « deux voisins de palier qui se parlent[2] ».

Crevelle et Ayoub, qui se savent écoutés, le premier par la DPSD et le second par la DCRI, ont pourtant de nombreuses conversations téléphoniques. Des dialogues consistant à préciser des détails pratiques quant à l'état d'avancement de la rédaction des revues de Crevelle et la planification de leur distribution. Car Crevelle est à la tête d'un petit groupe d'une vingtaine de personnes, très structuré et organisé « dans une logique de réseau ». Un groupe qui s'est donné pour objectif de porter la subversion au sein de l'armée à travers la distribution de *La Revue de l'Arsenal* dans les villes de garnison. Un dénommé Joseph-Marie Joly, probablement l'idéologue du groupe, est chargé des garnisons du

1. Par exemple dans le blog de Jean-Dominique Merchet et un article de Caroline Monnot et Abel Mestre dans *Le Monde*.

2. Conversation téléphonique avec Rodolphe Crevelle le 25 octobre 2013.

nord de la Loire avec les villes de Brest (Finistère) et de Lorient (Morbihan). Un certain Richard Roudier est responsable du sud de la France.

Ce dernier est aperçu par des agents de la DPSD aux alentours du 11 septembre 2013, aux abords des garnisons d'Orange (Vaucluse, 1er régiment étranger de cavalerie) et de Nîmes (Gard, 2e régiment étranger d'infanterie). À partir du 19 septembre, c'est Victor Lenta, le troisième homme du groupe, qui est repéré par les agents de la DPSD. Cet ancien engagé volontaire au 3e RPIMa de Carcassonne est en charge de la distribution de la revue de Crevelle à Pamiers (Ariège, 1er régiment de chasseurs parachutistes), à Tarbes (Hautes-Pyrénées, 35e régiment d'artillerie parachutiste) et Toulouse (Haute-Garonne, 1er régiment de train parachutiste et état-major de la brigade parachutiste).

Mouvance identitaire

Le pedigree des trois hommes est particulièrement inquiétant. Joly est un ancien du Front national de la jeunesse (FNJ). C'est aussi un activiste du Mouvement antiradars (MAR) passé par le Bloc identitaire et le Parti de la France de Carl Lang. Il a été le rédacteur en chef adjoint d'*Unité normande*, magazine du Mouvement normand qui se réclame des thèses de Jean Mabire (mort en 2006), l'un des piliers de la Nouvelle Droite, néopaïen et auteur de nombreux livres faisant l'apologie de la Waffen-SS. Pour la résistante Marie-José Chombart de Lauwe, Mabire est « le plus grand spécialiste » de « la réhabilitation du nazisme », qui chez lui prend la forme d'« une présentation des SS en hommes héroïques, exemplaires[1] ».

Roudier est catalogué par les services français en tant qu'« identitaire provençal ». Il préside la Ligue du Midi, un groupuscule proche du Bloc identitaire au sein duquel son fils Martial milite. Roudier père fut aussi l'un des responsables pour le sud-est de la France d'Unité radicale, le mouvement de Maxime Brunerie, auteur le 14 juillet 2002 de l'attentat manqué contre Jacques Chirac. Dans le cadre de son militantisme identitaire, Roudier s'est rapproché d'un certain Cyrille Rey-Coquais, un autre activiste de la mouvance nationaliste. Depuis 2002, Rey-Coquais, qui se consacre à l'action politique dans le cadre du nationalisme européen, collabore au site Voxnr.com. Il a par ailleurs été tête de liste du Pôle des tricolores (Front national) aux municipales dans le 1er arrondissement de Paris en 2008, obtenant 2,48 % des suffrages. Et lors des élections européennes du 7 juin 2009, il figure sur la liste antisioniste conduite par Dieudonné M'bala M'bala. Comme quoi les grands esprits se retrouvent…

1. Revue de la Fédération nationale des déportés et internés résistants et patriotes.

Quant à Lenta, c'est un ancien parachutiste d'origine colombienne qui a passé sa jeunesse en Haute-Savoie. En garnison à Carcassonne, il est révoqué et condamné en 2008 pour l'incendie d'une mosquée. Lenta s'est même vanté auprès de la réalisatrice de *Racisme : l'armée au rapport*[1] d'avoir mené, quand il était incorporé, des ratonnades dans les cités, avec d'autres paras qui avaient rejoint son groupuscule néonazi. Le 10 septembre 2012, Lenta crée la section toulousaine des Jeunesses nationalistes, ce mouvement lancé par Alexandre Gabriac pour être la branche « jeune » de l'Œuvre française d'Yvan Benedetti.

Pour préciser le tableau, il faut revenir sur un événement survenu le 12 octobre 2013. Un rassemblement passé inaperçu qui a tout de même fait l'objet d'une note « confidentielle » de la DCRI délivrée à Matignon, à l'Élysée et au ministère de l'Intérieur. Ce 12 octobre a été choisi en effet par les Jeunesses nationalistes de Gabriac pour rendre hommage à Paris au chef de la Milice, Joseph Darnand. Il s'agit de commémorer son exécution pour faits de collaboration, le 10 octobre 1945 : Darnand, un héros pour Gabriac et ses amis comme il le fut pour les pétainistes et les nazis français. En ce deuxième vendredi d'octobre, c'est un certain Florian Rouanet qui est chargé de prononcer le discours.

1. Canal +, le 30 avril 2012.

Visiblement, il lit un texte écrit pour lui, faisant référence à « Henri Coston, Jacques Ploncard d'Assac ou encore Maurice Yvan-Sicard, ces grands écrivains ». Mais il y a beaucoup plus grave : Rouanet ose vanter le rôle de la Milice, qui était « chargée d'apporter son soutien à la population française, comme défense et même en lui apportant de la nourriture, d'apporter son soutien à la Révolution nationale, chargée de défendre la France face aux terroristes, et à l'ennemi, à savoir : l'héritage de la IIIe République, le judaïsme politique, la franc-maçonnerie, les gaullo-communistes ». Et ce néonazi français de poursuivre : « Darnand fut un homme d'une grande lucidité, conscient des priorités et qui, sachant que s'il s'alliait aux républicanistes et autres communistes, tout ce qu'il ferait revenir chez nous ne serait que le règne judéo-maçonnique sur la France, dont nous subissons, je le répète, encore les effets aujourd'hui. » Rouanet en vient même à s'extasier au sujet « des multiples rapprochements » de Darnand « aux côtés de la Waffen-SS : structure militaire dans laquelle est entré Joseph Darnand en 44 en prêtant serment à Adolf Hitler, comme il intégrera aussi la division Charlemagne après la bataille de Sigmaringen la même année ». Le tout avant de conclure : « Nous devons marcher sur leurs pas et honorer leur mémoire, c'est aussi une manière de faire comprendre à nos ennemis que nous aussi nous avons une mémoire, et que nous n'apprécions que modérément que l'on y touche ! Chers camarades, en dignes héritiers du nationalisme, continuons le combat pour la France nouvelle et de toujours. » Tout un programme…

Opération déstabilisation

Le décor est donc bel et bien planté : Crevelle est à la tête d'un réseau composé de nostalgiques de Pétain, de la collaboration et de la Cagoule et vit dans le fantasme du coup d'État. Dès le début du mois de juin 2013, Le Drian arrive à la conclusion que Crevelle a mis en avant les noms de ces trois généraux connus pour tenter de s'en servir comme « appât ». En clair, Crevelle utilise Puga, Villiers et Dary pour enrôler des sous-officiers et des officiers subalternes autour de son mouvement M6M. D'où cet appel dans l'article de *La Revue de l'Arsenal* au « salut » qui pourrait venir de capitaines. Le Drian décrit en tout cas début juin à Hollande comme à Ayrault l'action subversive de Crevelle comme une « attaque du sommet de la pyramide » – comprendre de la tête de hiérarchie militaire. S'il ne fait pas de doute pour le pouvoir que, comme Puga et Villiers, le général Dary n'a jamais songé à fomenter le moindre putsch, son rôle de conseiller en logistique de la Manif pour tous a été surveillé de près. Après avoir dénoncé le 24 mai sur LCI ce qu'il appelle « un hold-up politique sur le débat de société réclamé par les opposants au mariage homosexuel », et déclaré que « le pays réel s'opposait au pays légal », Dary est convoqué dans la foulée au ministère de la Défense où le directeur de cabinet du ministre Cédric Lewandowski lui rappelle son devoir de réserve : « En tant que général de deuxième section, vous êtes toujours général, lui dit-il, vous pouvez laisser penser que vous utilisez votre ancien statut de gouverneur militaire de Paris pour faire de la politique et critiquer le gouvernement et l'État. »

L'inquiétude ministérielle est née du fait que plusieurs officiers catholiques sont, pour l'occasion, présentés comme les fers de lance d'un combat contre « le cabinet franc-maçon » au ministère de la Défense. Pour étayer sa thèse, la revue a cité les noms du ministre Jean-Yves Le Drian, « membre du Grand Orient de longue date », de son directeur de cabinet Cédric Lewandowski, « un initié influent qui a déjà fait ses armes au sein d'EDF », et de l'ancien patron d'EDF André Roussely, « un homme des réseaux Joxe qui a assis notoirement un véritable pouvoir sur l'hôtel de Brienne », le siège du ministère de la Défense. Le cas Rodolphe Crevelle intrigue le pouvoir. Est-il un activiste isolé ou le chef d'une organisation factieuse prête à passer à l'action ? Dispose-t-il de réseaux et d'appuis au sein de l'armée ? La publication de *La Revue de l'Arsenal* doit-elle être considérée comme le prolongement du mouvement anti-mariage pour tous et du Printemps français ? « La période est particulière, explique Le Drian à Ayrault le 6 juin. Nous sommes en fin de mouvement anti-mariage gay, un mouvement qui a drainé autour de lui des officiers et des enfants d'officiers qui avaient milité du côté des Hommen. » Ce groupe d'activistes, inspiré des Femen, manifeste torse nu, et veut être « le porte-étendard de la résistance contre le mariage gay ».

Leurs devises : « Nous sommes partout, dans les villes et les campagnes. Nous sommes la majorité silencieuse qui sort de l'ombre. Nous sommes le peuple qui hurle. Nous sommes la Résistance. Et nous ne lâcherons jamais. »

Le 13 juillet 2013, ces enfants d'officiers adressent sur leur site ce « message à l'armée française » : « Amis militaires, officiers supérieurs, officiers, sous-officiers, soldats du rang… vous êtes les derniers représentants de l'ordre en France ! La Police Nationale est aux mains de Manuel Valls qui, comme Staline et Hitler avant lui, l'utilise à des fins politiques. Soumise à cette dictature de la pensée, elle obéit et participe malgré elle à la rafle des opposants au mariage gay orchestrée par le gouvernement. Nous, Hommen, nous respectons notre armée. Nous respectons nos soldats. Demain, vous serez sur les Champs-Élysées. Ce défilé est le vôtre et celui des Français fiers de leur armée, il n'est pas celui de François Hollande… »

Le 23 août, ils diffuseront une caricature de Manuel Valls transformé en Hitler avec ce commentaire : « Vous le reconnaissez ? Il est de retour, arrêtons-le ! »

Au tout début de septembre arrive sur le bureau du ministre de la Défense un rapport révélant qu'un certain nombre de membres du réseau Crevelle ont participé, du 26 août au 1er septembre 2013, à l'université d'été pour tous, l'université d'été du Printemps français de Béatrice Bourges, organisée au château de Lignières (Cher), propriété du prince Sixte-Henri de Bourbon-Parme, lequel assiste aux débats et pose même pour la presse à cette occasion. Non loin de lui se tient Robert Ménard, ancien patron de Reporters sans frontières, candidat à la mairie de Béziers étiqueté Front national. Ateliers, conférences tout au long d'une semaine consacrée à la « lutte menée depuis de nombreux mois ». Et pour conclure, une messe traditionaliste le dimanche.

Le plan Crevelle

Rodolphe Crevelle croit pouvoir poursuivre sur sa lancée du mois de juin 2013 en publiant début septembre le deuxième numéro de sa *Revue de l'Arsenal*. Un numéro qui n'aurait pas eu le succès escompté, selon la DPSD. Crevelle est tout de même suivi à la trace. Il se déplace en personne le

30 août suivant dans les villes de garnison de Castres (Haute-Garonne, 8e régiment parachutiste d'infanterie de marine) et de Montauban (Tarn-et-Garonne, 17e régiment du génie parachutiste) pour livrer ses revues aux kiosques en charge de leur diffusion.

Parallèlement, il publie le 15 octobre *L'Action française universitaire*, une nouvelle revue destinée au monde étudiant et universitaire, présentée comme un « hebdo intelligent et violent » – une référence à la phrase de Charles Maurras : « Nous devons être intellectuels et violents ». « Tuons tous les gauchismes » est le titre du premier numéro du 15 octobre. L'éditorial de Crevelle ne fait d'ailleurs pas dans la dentelle : « Cela va mal se terminer pour l'oligarchie gauchiste des facs et d'ailleurs, c'est désormais à la vie à la mort si on les chope. Nous trouverons beaucoup d'alliés chez les immigrés pour leur faire la peau. Le gauchiste sait que son seul salut sera de courir dans les commissariats où nous l'attendrons aussi, rigolards derrière des bureaux métalliques. Le gauchiste sait aussi que nous avons la majorité des gens et des flics et des militaires avec nous. »

Qui se cache donc derrière Crevelle ? Que cherche-t-il ? Lui et son réseau sont-ils dangereux ? Des questions que l'on peut légitimement se poser en lisant sa prose et en constatant l'inquiétude que son offensive a suscitée à la tête de l'État.

« Nous sommes dans une situation de préguerre civile. Vous feriez bien de vous mettre à l'abri », me lance-t-il au cours d'une conversation téléphonique[1]. « On prépare les choses, on avance, affirme-t-il en référence à ses menaces de coup d'État, vous devriez commencer à vous planquer, à planquer votre famille. Il y a un moment où les comptes vont se régler. C'est fini, la rigolade. »

Il continue : « Nous souhaitons un coup d'État. Il y aura un coup d'État et ce sera méchant. Les militaires sont les seuls à être populaires dans ce pays avec les pompiers. » Et Crevelle de poursuivre sa démonstration : « Tout officier qui ne fait pas un coup d'État aujourd'hui en fera peut-être un demain. Avant de tromper votre femme, vous êtes fidèle… Vous pensez qu'ils peuvent saigner l'armée comme le fait Hollande, que l'Armée peut accepter d'être dirigée par des francs-maçons, d'avoir nommé un franc-maçon à la tête du ministère ? Il y a les officiers catholiques, cela fait vingt ans qu'ils fonctionnent comme des francs-maçons eux-mêmes. Ils se sont réservé pour leurs amis les postes au sein des forces opérationnelles. Cela fait vingt ans que Puga, Dary, Villiers font ça. » Du même Crevelle : « Depuis dix-huit ans les socialistes n'ont pas eu la main dans les nominations militaires et pendant toute cette période, Dary et Puga ont coopté et ont fait avancer dans la hiérarchie les officiers catholiques dans les unités opérationnelles. Dans les uni-

1. Conversation téléphonique avec Rodolphe Crevelle le 25 octobre 2013.

tés opérationnelles, ils vont tous à Saint-Nicolas-du-Chardonnet. »

Autre confidence de Crevelle au cours de cette discussion très instructive : « Ce sera un coup d'État d'adjudants et de capitaines issus de ces régiments de cavalerie de l'est de la France qui vont être dissous. Ces régiments sont à 250 / 300 km de Paris. À quatre heures de route de Paris. L'armée arrivera sur Paris et sera applaudie par les terrasses de café quand les chars entreront dans Paris. Vous croyez qu'il y en a qui se feront tuer pour Hollande ? Et vous voyez une seule personne parmi eux mourir pour François Hollande ? Pas un seul. Ce sera comme le 25 avril 1974 au Portugal. »

Crevelle a même un calendrier en tête : « Normalement, ça peut arriver dans deux ans. Il y aura eu des défaites électorales de grande ampleur pour Hollande. L'extrême gauche aura installé la tension. C'est normal, ils sont frustrés. Je vous le dis, changez de vie. Les comptes un jour seront sortis. » On dirait du Soral…

Crevelle et son réseau sont depuis le début du mois de juin sous une surveillance très étroite de la sécurité militaire. Tous leurs écrits, leurs déclarations, leurs conversations téléphoniques, leurs déplacements sont étudiés de près. Nul doute que le script de cet entretien a déjà été livré au ministre de la Défense. Cédric Lewandowski, le directeur de cabinet du ministre de la Défense, et Claire Landais, la directrice des affaires juridiques du ministère, suivent attentivement cette mouvance. Leur conclusion est sans ambiguïté : Rodolphe Crevelle peut être poursuivi en justice pour « provocation à s'armer contre l'autorité de l'État ». Il s'agit de l'article 412-8 du Code pénal qui prévoit cinq ans d'emprisonnement et 75 000 euros d'amende pour ce délit. Pour une question d'opportunité politique, décision est prise d'attendre. Le pouvoir choisit la discrétion. Surveillance très stricte des services, oui, appel à la justice, non. Histoire d'éviter d'offrir au réseau Crevelle une tribune pouvant lui permettre de prospérer.

Le cas Crevelle est-il l'indice d'un climat périlleux ? Un coup d'État, personne ne veut y croire. Pas même Marine Le Pen, qui reçoit pourtant « depuis deux ou trois ans » les doléances de « haut gradés de l'armée, notamment des généraux, qui viennent [lui] dire que ça va très mal, et qu'avec la baisse des moyens on met en danger les troupes dans le cadre d'opérations extérieures. Le moral n'a jamais été aussi bas[1] ». Un coup d'État n'est donc pas pour demain, mais un autre type de passage à l'acte est envisagé par les services. « Crevelle a allumé une étincelle, constate-t-on au ministère de la Défense, et un esprit dérangé peut très bien se lancer dans une opération à la Maxime Brunerie. »

C'est-à-dire tenter d'assassiner le président de la République, comme ce militant de la droite identi-

1. Entretien avec Marine Le Pen, le 27 novembre 2013.

taire l'avait fait, en 2002, avec Jacques Chirac. Et dire que, dans ce contexte d'excitation et d'agitation, il y a tant d'intellectuels, voire d'élus des partis classiques, qui sous-estiment la gravité de la situation et s'amusent à jouer les boutefeux…

C'est le cas de Pierre Lellouche, député UMP de Paris, ancien ministre, que l'on a entendu jubiler le 14 juillet 2013 quand François Hollande fut hué et sifflé par des militants anti-mariage gay, précisant sur son compte Twitter : « Juste retour des choses : le fossoyeur de l'Armée française se fait huer et siffler lors du défilé du 14 Juillet. » Terrible inconscience de celui qui ne voit pas que la rupture entre le président et l'armée a toujours eu de néfastes effets dans notre histoire.

Le 11 novembre, des militants du Printemps français siffleront à nouveau le chef de l'État sur les Champs-Élysées alors qu'il vient de rendre hommage aux soldats morts pour la France. Dans ce contexte, François Hollande confie : « Derrière toutes ces outrances, c'est la contestation de mon élection elle-même, le 6 mai. La gauche aurait gagné par inadvertance, par erreur, par la maladresse et la division du camp adverse, ou à cause de la mauvaise campagne du candidat sortant. Bref, ce fallacieux raisonnement signifie que le vainqueur n'est pas à sa place. Ce procès en illégitimité a commencé au bout de six mois avec le mariage pour tous, et non pas avec les impôts. Ce n'est pas un phénomène nouveau. En 1981, certains prétendaient que François Mitterrand ne tiendrait pas plus de deux ans. Ensuite, quand il a quitté le pouvoir, les mêmes ont dû penser qu'il resterait un cas unique sous la Vᵉ République. Et quand Jospin a gagné les élections législatives en 1997, il a même été prétendu que sa victoire n'était due qu'aux triangulaires, ce qui était faux. Alors, quand j'ai gagné en 2012, ceux-ci ont pensé qu'il y avait eu une erreur quelque part[1]. »

---

1. Entretien avec François Hollande le 19 novembre 2013.

Chapitre 6

LA FRANCE BRUN MARINE

« Le problème de Marine Le Pen, c'est Frédéric Chatillon », affirme d'un air convaincu l'avocat franco-israélien Gilles-William Goldnadel[1]. Ce dirigeant du CRIF (Conseil représentatif des institutions juives de France), par ailleurs secrétaire national de l'UMP, sait de quoi il parle : il est l'avocat de Patrick Buisson, l'ex-conseiller de Nicolas Sarkozy. Il est aussi une vieille connaissance de Marine Le Pen et relativise la diabolisation de son père. « J'ai voulu briser le fantasme selon lequel Le Pen était une sorte de nazi. L'extrême gauche est infiniment plus nombreuse et dangereuse que l'extrême droite. »

Marine Le Pen, qui réfute l'étiquette de parti d'extrême droite pour le Front national, n'a pourtant pas coupé tous les ponts avec les néonazis. Deux de ses principaux confidents et conseillers, Frédéric Chatillon et Philippe Péninque, assument encore aujourd'hui leur héritage politique du temps

1. Entretien avec Gilles-William Goldnadel le 16 septembre 2013.

du GUD et contrôlent les finances du Front national. Point commun entre ces militants de l'ultradroite mariniste : ils affirment n'avoir « jamais voté à droite » de leur vie. C'est ainsi qu'ils confient avoir déposé un bulletin Ségolène Royal dans l'urne au second tour de l'élection présidentielle de 2007 et François Hollande en 2012. C'est ce qu'ils appellent le « vote révolutionnaire[1] ». « Ce qu'il faut comprendre dans le GUD, analyse Marine Le Pen, c'est que c'est d'abord une franc-maçonnerie, tout le reste, c'est de la fantasmagorie. Ils gardent des contacts entre eux du fait de leurs amitiés étudiantes et, au fur et à mesure, se donnent des coups de main. C'est la même chose que pour les anciens d'ON [Ordre nouveau] qui ont gardé des relations entre eux, même quand ils sont devenus ministres[2]. » À l'époque, ils donnaient volontiers des coups de barre à mine.

L'ombre du GUD

Le Groupe union droit[3] était le fer de lance de l'extrême droite occidentaliste antisémite – comprendre les néonazis français anti-soixante-huitards. Après la dissolution d'Occident, le 31 octobre

1. Entretien avec Frédéric Chatillon le 4 octobre 2013 et le 9 octobre 2013 avec Philippe Péninque.
2. Entretien avec Marine Le Pen le 27 novembre 2013.
3. Le GUD deviendra le Groupe union défense.

1968, Alain Robert, entouré d'un noyau de fidèles, crée en décembre le GUD, un pseudo-syndicat étudiant, pour lutter contre les communistes, les gauchistes et le « Juif allemand » Cohn-Bendit. Le rat noir devient leur emblème. Dans les années 1980 et 1990, ce mouvement bascule du néofascisme vers les positions nationalistes-révolutionnaires, telles que l'antiaméricanisme, l'adoption de l'utopie d'une Europe fédérée des régions monoethniques, ou encore l'assimilation de son combat à celui du peuple palestinien.

Quatre décennies ont passé depuis sa création et le GUD reste toujours le GUD, même si le D de droit a été supplanté par le D de défense. Ses hommes sont toujours faits sur le même modèle : idéologie d'exclusion, méthodes musclées, violence, discours radical.

Le 24 juillet 2012, le GUD/Paris, repris par Logan Djian, surnommé le Duce par les services de police, ancien responsable des ex-Jeunesses nationalistes Paris-banlieue, est relancé par le biais de l'association Plaisir de chez nous. À sa tête, un certain Julien Billardon, hooligan du Paris Saint-Germain et ancien militant du GUD, qui a fixé le siège de l'association au domicile de ses parents – il s'agit curieusement de la caserne de gendarmerie de Dugny. Dans le bureau de Plaisir de chez nous, Djian occupe le poste de trésorier, secondé par Karim Bensikhaled-Gougui, ancien militant du Parti solidaire français (PSF néonazi).

En outre, les responsables de l'association ont signé en octobre 2013 un bail de location commerciale dans le 15e arrondissement de Paris, au 4 rue Auguste-Chabrières. Et c'est François-Xavier Sidos, neveu de Pierre Sidos et lieutenant du mercenaire Bob Denard, qui s'est porté caution. Parmi les financiers de ce nouveau « bar privé » de la fachosphère créé sur le modèle du Local d'Ayoub, des cadres parisiens de l'ex-Œuvre française, comme Frédéric Jamet, ancien fonctionnaire de police radié après avoir été impliqué dans un vol à main armée commis chez Pétrossian en 1997, Hervé Lalin dit Hervé Ryssen, auteur de pamphlets antisémites et négationnistes, Marc Maregiano-Koenig, condamné en 2004 à deux mois de prison avec sursis pour avoir agressé avec Lalin, le curé de la basilique de Saint-Denis, le père Bernard Berger[1], et un certain Axel Loustau, figure du réseau des anciens du GUD et proche de Chatillon, le « communicant » de Marine Le Pen, l'homme clé des ultras marinistes.

CHATILLON, LE MARINISTE DE BACHAR

Frédéric Chatillon, quand il atterrit à Damas, sait qu'il sera bien reçu. À chaque voyage, il retrouve

1. Cet ecclésiastique de 70 ans étant « coupable », selon ses agresseurs, d'avoir accueilli des sans-papiers dans son église.

ses amis du clan Assad et profite de délicieux dîners à la mode orientale. Depuis 1994, il s'y rend régulièrement. Cette année-là, il avait été reçu par le général Mustapha Tlass, alors ministre de la Défense d'Hafez el-Assad auquel il s'était ouvert de son désir de lutter contre le « lobby sioniste ». C'est comme ça : on ne change ni la nature d'un homme, ni la nature d'un régime. La Syrie, pays refuge pour les acteurs de la solution finale, ces anciens nazis qui, comme Alois Brunner[1], voyaient dans les régimes autoritaires arabes les ennemis irréductibles des Juifs, n'a décidément rien contre les négationnistes.

Bien au contraire. Le régime Assad sert même de caisse de financement aux plus ultras de l'extrême droite française, dont Frédéric Chatillon. De fait, ce dernier entretient d'excellentes relations avec les dirigeants syriens. À Paris, son amie Lamia Chakkour lui réserve aussi le meilleur accueil. Cette ex-ambassadrice de Syrie, déclarée *persona non grata* par la France le mardi 29 mai 2012, a pu garder son mode de vie luxueux en conservant ses fonctions de représentante permanente de la Syrie à l'Unesco[2].

---

1. Proche collaborateur d'Adolf Eichmann (responsable de la déportation des Juifs de Hongrie), ce capitaine SS qui a été à la tête du camp de d'internement de Drancy (France) est responsable de la mort de plus 130 000 Juifs. Réfugié en Syrie à partir de 1954, il fut ensuite le protégé de Hafez el-Assad qui rejeta toutes les demandes d'extradition le concernant.

2. Lamia Chakkour assumait en effet jusqu'à cette date les deux fonctions.

Derrière cette façade à passeport diplomatique, elle est considérée par les autorités françaises comme un agent de renseignement syrien à Paris. La DCRI pense que, depuis l'expulsion des diplomates syriens par les pays occidentaux, elle est l'unique représentante des services spéciaux syriens à Paris, et l'animatrice d'un réseau d'influence au profit de son pays. Chakkour aurait ainsi pris à sa charge « certaines missions relevant du renseignement ». C'est dans ce cadre que la représentante permanente de la Syrie à l'Unesco et Chatillon se voient « ponctuellement », tout en veillant « à entourer leurs contacts de la plus grande discrétion ».

En clair, Chatillon serait l'un des agents syriens à Paris – une proximité avec les barbouzes syriennes antérieure à la guerre civile : avant la défection du général Manaf Tlass, fils cadet de son ami Mustapha Tlass, il était en contact avec l'intéressé et son épouse Thala Khaïr[1]. Chatillon a aussi longtemps été en relations avec feu Mohammad Abdullah, ancien résident du service de renseignement syrien[2] sous la couverture d'attaché de défense à l'ambassade de Syrie en France, de juillet 2000 à l'été 2009.

Devenu chef de la Direction de la sécurité politique de Homs (Syrie), Abdullah a été tué avec cinq

1. Manaf Tlass a dirigé la 104e division blindée jusqu'à sa disgrâce, au début de la répression en Syrie, et s'est installé à Paris en juillet 2012.

2. Ex Service Renseignement Terre.

de ses lieutenants par des snipers à Tall Kalakh, lors d'échauffourées survenues entre des membres de son service et des insurgés. Une lourde perte pour Chatillon : c'est en effet Mohammad Abdullah qui lui facilitait l'obtention de ses visas quand il souhaitait se rendre en Syrie[1]. Après la disparition de son ami barbouze, Chatillon n'a pas tardé à modifier sa filière syrienne. Échange de bons procédés : sa proximité avec Lamia Chakkour lui permet d'obtenir de juteux contrats de communication, notamment avec le ministère du Tourisme syrien. À charge pour lui d'organiser des campagnes d'affichage ou de vanter le tourisme en Syrie dans des soirées privées en discothèques[2] et dans le cadre du salon Top Resa[3] à Deauville, ou dans d'autres tenus à la porte de Versailles à Paris. Le pays de Bachar a de si belles ruines… Selon Chatillon[4] lui-même, ses « contrats » avec le régime de Bachar se chiffreraient depuis 2008 à environ 150 000 euros par an.

Déjà à la tête de la société Riwal, chargée de la communication de Marine Le Pen et du Front national, Chatillon a créé une filiale, Riwal Syrie (disposant d'un bureau à Damas), en charge de ses activités avec ce pays. Il s'agit très officiellement d'une « agence de communication spécialisée dans la promotion des

1. Son dernier séjour à Damas remonte à l'été 2013, selon ses confidences faites à l'auteur le 4 octobre 2013.
2. Dont celle du Club de l'Étoile.
3. Le Salon professionnel du tourisme et des voyages.
4. Entretien avec Frédéric Chatillon le 4 octobre 2013.

sociétés privées et des institutions publiques syriennes en France ». Pour le seconder dans cette tâche de désinformation au profit de la Syrie, Chatillon a choisi deux hommes sûrs : Thiebault El Bakjaji, qui dirige le bureau de Damas, et l'ex-gudard Axel Loustau, déjà très présent dans la galaxie Chatillon. Une véritable affaire de famille politique !

Désinformation toujours : en juin 2011, Chatillon lance INFOSyrie, un site internet qui se définit comme une « agence de réinformation (sic) sur l'actualité en Syrie ». Un mois plus tard, lorsque son ami Manaf Tlass annonce sa défection, Chatillon fait ce commentaire sur INFOSyrie : « Manaf Tlass commet quand même une désertion devant l'ennemi, lui le général : il trahit non seulement Bachar mais les hommes qu'il a commandés, dont certains sont morts et dont d'autres mourront encore au combat. » Le 29 mai 2012, l'ex-ambassadrice de Syrie à Paris Lamia Chakkour sera hissée au rang de « première victime symbolique du zèle atlanto-droits-de-l'hommiste de François Hollande » par un certain Louis Denghien, un pseudonyme de Chatillon, par le même INFOSyrie, alors que les autorités françaises viendront de la déclarer *persona non grata.*

Des activités franco-syriennes qui, suite à un signalement de la cellule TRACFIN[1], débouchent

1. TRACFIN, comme Traitement du Renseignement et Action contre les Circuits FINanciers clandestins, est un organisme du ministère de l'Économie et des Finances chargé de la lutte contre le blanchiment d'argent.

entre janvier 2011 et avril 2012 sur une enquête de la brigade financière. Motif de l'investigation : les affaires liant la société de communication de Chatillon au régime syrien. « La brigade financière m'a convoqué, dit-il au cours de notre entretien, a épluché toute ma comptabilité pendant plus d'un an mais n'a rien trouvé. Ils ont contrôlé tous mes comptes. Quand je suis arrivé dans leur bureau, ils avaient tous mes comptes depuis trois ans. Ils m'ont demandé des factures sur mon train de vie. Mais ils n'ont rien trouvé. » S'il est vrai que l'enquête de la brigade financière n'a débouché sur aucune poursuite, les services du fisc continueraient à éplucher les comptes de Chatillon et de ses sociétés Riwal et Riwal Syrie, selon les dires de l'ancien gudard[1]. Parallèlement à son engagement aux côtés du clan Assad, Chatillon est un agent d'influence du Hezbollah libanais en France et un habitué des cercles iraniens à Paris. Chacun de ses voyages en Syrie est prolongé ou précédé par une visite au Liban. Ainsi, en 2006, c'est lui qui a organisé le voyage de Dieudonné, Soral, Meyssan et Moualek à Damas et Beyrouth. Chatillon se targue de connaître personnellement le cheikh Hassan Nasrallah, le leader du Hezbollah, ainsi que son ex-épouse. « J'ai pas mal de potes à Beyrouth, reconnaît-il[2], j'ai des amis dans tous les camps. »

1. Entretien avec Frédéric Chatillon le 4 octobre 2013.
2. *Ibid.*

Il est vrai qu'il fréquente aussi l'ancien président Amine Gemayel ou le général Michel Aoun, un chrétien proche des Assad. Des amitiés tous azimuts qui conduisent à s'interroger sur la réelle nature du travail de cet homme de l'ombre : outre ses relations avec les services syriens, Frédéric Chatillon serait-il également en contact avec les services secrets français ? Est-il un agent français[1] ? Sa réponse est ambiguë : « Si le régime actuel devait se maintenir au pouvoir, je pense que l'État français aurait du mal à renouer les contacts comme c'était avant. Je fais partie de ceux qui pourront renouer ces liens. Mais je n'ai aucune fascination pour les barbouzeries et les armes. Je ne suis pas du tout attiré par ce genre de choses. » Barbouzeries ou pas ? Damas a financé l'édition par Chatillon de textes révisionnistes qui seront ensuite traduits en arabe et diffusés au Moyen-Orient, comme *L'Holocauste au scanner* de Jürgen Graf, *Les Mythes fondateurs de la politique israélienne* de Garaudy, ou *Critique de la raison juive occidentale* de David Warlet. Tous ces textes ayant pour particularité d'avoir été traduits par la même personne, Jawad Bashara, qui a également participé à l'écriture du livre de Warlet. Car le négationnisme est l'une des obsessions, des spécialités, des passions de Chatillon. Ses convictions l'ont conduit à se rapprocher des falsificateurs de l'histoire, et notamment de Robert Faurisson et de feu Roger Garaudy.

1. Entretien avec Frédéric Chatillon le 4 octobre 2013.

Il a même assuré leur sécurité lors de leur procès à Paris pour négationnisme[1]. Avec ses amis Tristan Mordrel et Jean-Dominique Larrieu, il va gérer la librairie négationniste Ogmios qui diffusera les écrits de cette mouvance – une librairie qui est accessoirement financée par l'Iran. Larrieu, l'un de ses codirigeants, entretenait des liens très étroits avec le célèbre Wahid Gordji. Officiellement simple traducteur à l'ambassade d'Iran à Paris mais officieusement numéro deux de cette ambassade, Gordji était en fait chargé de monter des réseaux islamistes en France. En juin 1987, Gordji est mis en cause par le juge d'instruction Gilles Boulouque dans le cadre de son enquête sur les attentats de 1986, dont celui de la rue de Rennes[2]. Des années ont passé depuis, mais Chatillon reste le même homme. Après plus de trente ans de militantisme ultra, il demeure un militant à l'extrême. Un pur et dur. C'est lui qui organise le 22 octobre 2011 le voyage de Marine Le Pen à Rome[3]. Repas de « famille » à la clé avec des nostalgiques de Mussolini, dont Assunta Almirante, la veuve de Giorgio Almirante[4],

1. Pour Faurisson en octobre 1992 ; pour Garaudy en janvier 1998.

2. Le juge demande son arrestation le 2 juin 1987. Le lendemain, Gordji se réfugie à l'ambassade d'Iran, qui est mise sous surveillance. Le 14 juillet, les diplomates français à Téhéran sont pris en otages, ce qui provoque le 17 la rupture des relations diplomatiques entre les deux pays. Gordji servira ensuite de monnaie d'échange pour la libération des deux otages Roger Auque et Jean-Louis Normandin, qui seront libérés par le Hezbollah le 28 novembre.

3. *La Face cachée du Front national,* documentaire diffusé sur Canal + le 18 décembre 2011.

4. Mort en 1988.

leader historique du MSI (Mouvement social italien), parti né sur les ruines du fascisme. Mentor des jeunes activistes du GUD, qui le consultent régulièrement dans le cadre de leurs activités militantes, Chatillon a été aussi avec Alain Soral l'un des principaux financiers de l'acquisition, en 2007, du Local de Serge Ayoub. Un trio de choc pour ce bar associatif du 15e arrondissement qui a constitué le principal abcès de fixation de la mouvance ultra francilienne, et ce jusqu'à sa fermeture en juillet 2013[1]. Devenu l'un des conseillers les plus écoutés de Marine Le Pen, Chatillon assure : « Je n'ai aucun problème idéologique avec le Front[2]. » La réciproque est-elle vraie ? Les liens entre Chatillon et Marine Le Pen sont en tout cas de notoriété publique. Lui-même ne s'en cache pas. « On ne s'appréciait pas du tout quand on était étudiants au début des années 1990 à Assas, affirme-t-il[3], on ne s'aimait même pas du tout. Elle me traitait de facho. Mais maintenant on se parle assez régulièrement. » Marine Le Pen commente : « À l'époque, on se détestait. Je fréquentais les gens de l'UNI. Il a épousé par la suite Marie d'Herbais, la fille d'amis de mes parents, et c'est comme ça que j'ai renoué avec Fred[4]. »

Défenseur de la Syrie d'Assad, chantre de l'extrême droite radicale, proche de Soral et de

1. Voir chapitre 2.
2. Entretien avec Frédéric Chatillon le 4 octobre 2013.
3. *Ibid.*
4. Entretien avec Marine Le Pen, 27 novembre 2013.

Dieudonné, « deux vieux potes[1] », et d'Ayoub, Frédéric Chatillon joue donc aujourd'hui un rôle clé auprès de Marine Le Pen. Ils sont si proches qu'il s'est tourné vers « Marine » pour savoir s'il devait répondre favorablement à ma demande d'interview : « Elle m'a dit qu'il n'y avait pas de problème[2]. » Bien plus, Marine Le Pen encourage désormais les extrémistes à entamer le dialogue – « Je leur ai dit de vous parler » –, en leur précisant : « Sortez de la clandestinité et parlez aux journalistes[3]. »

Riwal, la société de Chatillon, est le prestataire de services officiel du FN en matière de communication. Elle a officié pendant la campagne présidentielle de 2012 pour un montant de 1,6 million d'euros[4]. Mais ce n'est pas tout, l'entreprise de Chatillon est en relations d'affaires avec Jeanne, le microparti de Marine Le Pen – créé sans tambour ni trompette, histoire de pouvoir contracter des prêts auprès de personnes privées pour financer les prochaines campagnes du FN, dont elle est même le prestataire principal. « À l'époque où Jeanne a été créée, le Front national était dans une situation financière très difficile, j'avais d'ailleurs envoyé une lettre à toutes les banques françaises : aucune n'ayant voulu nous prêter de l'argent, il n'y avait

1. Entretien avec Frédéric Chatillon le 4 octobre 2013.
2. *Ibid.*
3. Entretien avec Marine Le Pen, le 27 novembre 2013.
4. *Le Canard enchaîné* du 23 octobre 2013.

plus que cette solution[1]. » Les statuts de cette microstructure baptisée en référence à Jeanne d'Arc sont déposés le 9 novembre 2010. Domicilié avenue Victor-Hugo, dans le 16e arrondissement de Paris, ce mouvement enregistre pour le premier exercice 1,98 million d'euros de recettes – un chiffre qui a atteint près de 9 millions d'euros en 2012, l'année des législatives, une cagnotte engrangée grâce à l'argent versé par les candidats du FN aux cantonales. En fait, Jeanne centralise les dépenses de campagne des candidats auprès des différents prestataires. Et notamment de la société Riwal qui a fabriqué les « kits de campagne » proposés par le microparti aux candidats FN, facturés au minimum 2 500 euros chacun.

Le trésorier de Jeanne, Axel Loustau, est un autre gudard, ami de Chatillon, lui aussi en contrat avec le FN à travers sa société Vendôme Sécurité[2]. Un petit monde très solidaire et uni qui s'estime victime de l'acharnement du fisc. « Je suis l'objet de contrôles fiscaux en permanence, dénonce Chatillon, c'est comme ça, c'est la spirale de la victoire. J'ai gagné le gros lot[3]. » Une allusion notamment à l'enquête préliminaire ouverte en avril 2013 et confiée à la brigade financière.

Marine Le Pen, qui a créé Jeanne en toute discrétion, s'insurge contre le fait d'être soumise à « une enquête permanente » – notamment fiscale –

1. Entretien avec Marine Le Pen, 27 novembre 2013.
2. Voir « Les gudards de la sécurité », p. 168.
3. Entretien avec Frédéric Chatillon le 4 octobre 2013.

et évoque « une sorte de combat politique contre tout ce qui, de près ou de loin, a une relation avec le FN[1] ».

L'expert en relations publiques Chatillon n'est pas dénué d'humour, un humour à la Dieudonné… La preuve, quand il parle de la « quenelle » de son « vieux pote », il lance dans un sourire : « Je trouve ça drôle, ça veut dire "dans ton cul", c'est de la provoc. C'est un nouvel anarchisme. Une nouvelle façon de dire merde à la société. La société a provoqué. Ceux qui font la quenelle, ce sont les nouveaux punks. »

Et le même Chatillon d'ajouter sur son autre « vieux pote » Soral : « Alain, une partie de ce qu'il dit, c'est de la provocation. Il est très cultivé. Quand on parle des Juifs entre nous, il ne dit rien d'antisémite. Il est comme moi, il est contre le lobby et contre Israël. Un pays qui vole des terres, soit par des méthodes dures, soit par de l'argent. Et je n'irai jamais là-bas pour donner de l'argent à ces gens-là. »

Enfin, au sujet de Serge Ayoub, le troisième larron de la nébuleuse, il précise : « Serge, je le connais, je regardais ce que faisait Troisième Voie, je n'ai jamais vu de trucs farfelus. Et j'ai tout entendu sur lui, même qu'il était juif, parce que certains disent que Ayoub, c'est un nom juif[2]. »

Il ne faut pas voir le mal partout…

1. Entretien avec Marine Le Pen le 27 novembre 2013.
2. Entretien avec Frédéric Chatillon le 4 octobre 2013.

PÉNINQUE, « LE VISITEUR DU SOIR »

Philippe Péninque est l'autre ancien gudard présent dans le premier cercle des Le Pen. Il a joué jusqu'en 2007 le rôle de coach face au père avant ses émissions de télévision. « Marine n'en a pas besoin », claironne-t-il aujourd'hui. Péninque, ce spécialiste des montages fiscaux offshore – c'est par son intermédiaire que Jérôme Cahuzac a ouvert en 1992 un compte à la banque UBS de Genève. Mais il affirme « ne pas être au courant et n'être intervenu à aucun moment » dans le cadre de l'opération qui a conduit à l'ouverture du compte de Jean-Marie Le Pen dans une succursale de la même banque UBS en Suisse. Un compte ouvert par un certain Jean-Pierre Mouchard, « il a un nom prédestiné, non ? » s'amuse Péninque.

Lequel a été appelé en 2007 par Le Pen pour réaliser avec le banquier Hubert de Beaufort[1] un audit des comptes du Front national qui déboucha sur une restructuration des finances du parti, l'échec des candidats FN aux législatives se soldant par un manque à gagner de 9 à 10 millions d'euros sur la dotation de l'État.

1. Encore conseiller officieux de Marine Le Pen en 2013, Hubert de Beaufort avait organisé en octobre 1999, à la veille de son pourvoi en cassation, la fuite en Suisse de Maurice Papon, condamné en avril 1998 pour complicité de crimes contre l'humanité.

C'est Philippe Péninque qui mettra à jour un certain nombre de malversations et qui conseillera à Le Pen d'engager une procédure contre l'imprimerie de Fernand Le Rachinel[1]. Suite à cet audit, le Paquebot[2] sera mis en vente et la moitié de la cinquantaine des permanents du parti seront licenciés. Pour sa contribution au « redressement des finances » du FN, Jean-Marie Le Pen récompensera Péninque en lui remettant en 2011 la Flamme d'honneur du parti. On aime bien les décorations à l'extrême droite… Et pas seulement la francisque. Marine Le Pen plaide à l'issue de l'audit de son ami Péninque pour que « la formation et la communication politiques sur le terrain, affiches et tracts, soient préservées ». Des marchés qui ont été depuis captés par Chatillon, par ailleurs intime de Péninque. Car les gudards « se connaissent tous », comme le confiait Péninque à Canal + en avril 2013 avant de préciser : « Nous avons été victimes d'un ostracisme. Nous avons essayé de travailler entre nous. Oui, autour de Marine, il y a des gens qui n'ont pas trop mal réussi dans la vie, qui sont insérés socialement, et qui combattent le système de l'intérieur. »

Il affirme « être le tenant du gaucho-lepénisme » au sein du FN. Marine Le Pen confirme : « Gaucho-

1. L'un des principaux bailleurs de fonds du FN.
2. Le siège historique du FN à Saint-Cloud, qui ne sera définitivement vendu, pour une somme d'environ 10 millions d'euros, qu'en avril 2011.

lepéniste, ça, c'est vrai. On a souvent des discussions de fond, il a une sensibilité très sociale, c'est l'un de mes visiteurs du soir. Il a un parcours très riche. Il vient du peuple, il a été avocat et a évolué dans un milieu relativement bourgeois par son mariage. Il a des réflexions profondes et intelligentes[1]. » Il reconnaît avoir toujours choisi le « vote révolutionnaire » pour la gauche au second tour, comme son copain Chatillon. Précisons que pour Péninque « une révolution est en marche. Nous sommes soit en mai 1958 soit en 1788 ». Curieusement, Jean-Luc Mélenchon fait le même parallèle… Péninque poursuit : « Marine sera présidente en 2017 elle est plébiscitée alors que vous les journalistes, tout le monde vous déteste ». Car selon lui « tout ce qui est fait par le système l'a aidé, l'aide et va l'aider. Chaque intervention à la télé ou dans les médias contre elle, c'est des dizaines de milliers de voix gagnées ». Péninque prépare donc 2017, dans l'ombre de la présidente du FN, qu'il voit chaque semaine, à qui il parle quasi quotidiennement au téléphone. C'est lui aussi qui choisit les slogans du FN. « La France aux Français » a ainsi été remplacé à sa demande par « On est chez nous ! ».

Au niveau stratégique, il tente de ratisser large en cherchant à ramener dans le giron de Marine des jeunes des quartiers, « des musulmans qui eux aussi

1. Entretien avec Marine Le Pen, le 27 novembre 2013.

en ont marre des islamo-racailles manœuvrées par l'ultra-gauche ». Et selon Péninque, « ça marche ». C'est en fait l'axe stratégique développé par son ami Soral, et sans doute est-ce d'ailleurs cette proximité idéologique entre Péninque et Soral qui a conduit ce proche de Marine Le Pen à se faire l'avocat de Soral auprès de Nataf pour lui éviter des coups[1]. Après dix ans de relations, « Péninque, écrit de lui Soral[2], est un ami et un patriote qui essaie, comme beaucoup, d'échapper à la brutalité de l'État, à un pouvoir d'État hostile à ce qu'il représente ». Quant à Péninque, il voit en Soral un « anar de droite », un « révolté du système », un « anticommunautariste à fond », et ce que son « pote Alain » reproche aux Juifs, c'est « de faire jouer la communauté à fond[3] ». Cette volonté de Péninque d'exonérer Soral de tout soupçon d'antisémitisme apparaît donc bien curieuse. Il est vrai que Péninque et Soral chassent sur les mêmes terres. Normal, Péninque a été le cofondateur avec Soral d'Égalité et Réconciliation en 2007. « Un an après, je l'ai laissé avec son enfant, il n'avait plus besoin de moi, ça marchait très bien et c'était un truc génial[4]. »

Comme Soral, Péninque cherche à fédérer autour de l'extrême droite mariniste ceux qu'il appelle

1. Voir p. 61.
2. *Dialogues désaccordés*, *op. cit.*, p. 93.
3. Le 9 octobre 2013.
4. Le 11 novembre 2013.

« les républicains » venus de la gauche, en réalité les soldats perdus du chevènementisme, à l'image de Florian Philippot ou de Bertrand Dutheil de la Rochère. Une thématique développée à longueur de contributions et de vidéos sur le site Égalité et Réconciliation, où Philippot est d'ailleurs devenu une sorte de héros. « Philippe [Péninque] est un ami qui a beaucoup d'humour, dit de lui Jérôme Cahuzac[1], ce n'est pas un vrai fasciste. On a sympathisé parce que je faisais du sport avec lui, du tennis et du golf. Je faisais aussi de la plongée avec son associé Jean-Pierre Emié et des marathons, dont celui de New York en 2007. C'est un être délicieux avec qui on peut se marrer. On n'est pas obligé d'avoir des amis qui ont la même couleur politique que soi. »

Les gudards de la sécurité

Si certains anciens gudards ont choisi de se reconvertir dans la communication politique aux côtés de Marine Le Pen, ou de l'aider à gérer les finances du FN, d'autres se sont engouffrés dans le domaine de la sécurité. C'est notamment le cas d'un certain Axel Loustau, l'un des fidèles lieutenants et associés initiaux de Frédéric Chatillon au sein de

1. Entretien avec Jérôme Cahuzac le 27 septembre 2013.

la société Riwal. « Actionnaire historique et dormant » de cette société, trésorier de Jeanne, Loustau confirme « effectuer des missions très ponctuelles, sur devis et bon de commande[1] », pour le Front national. Loustau fait aussi figure d'héritier au sein de la fachosphère car Fernand, son père[2], ancien de l'OAS et du 3e REP, s'était déjà recyclé dans ce secteur en fondant en 1979 la société de gardiennage Normandy Sécurité. Au début des années 1980, il avait élargi son domaine d'action en lançant Veronica SA, une société d'édition de disques, avec des amis ancrés à la droite de la droite comme Gérald Penciolelli, ancien d'Ordre nouveau et du PFN[3], Bernard Lehideux, devenu depuis l'un des dirigeants du Parti républicain, Gérard Écorcheville, ancien d'Occident, du GUD, d'Ordre nouveau et du PFN, recyclé au RPR par Pasqua avant de finir au FN, le prince Sixte-Henri de Bourbon[4], Jean-Pax Méfret et Anne Méaux[5], actuelle présidente de la société Image 7, véritable papesse des relations publiques.

Axel, le fils Loustau, travaille dans le même secteur que son père. Sa société Vendôme Sécurité est

1. Échange avec Axel Loustau le 26 novembre 2013.
2. Décédé en 1993.
3. Gérald Penciolelli est aujourd'hui l'actionnaire principal de *Causeur* après avoir été le directeur de *Minute*.
4. Comme on l'a vu, il a reçu en août 2013 dans son château de Lignières l'université d'été du Printemps français de Béatrice Bourges.
5. Ancienne militante d'Ordre nouveau et du PFN, elle a commencé sa carrière comme chargée de presse de Valéry Giscard d'Estaing à l'Élysée.

prospère et dispose d'une clientèle éclectique. La Fondation pour la recherche stratégique a ainsi fait appel à ses gros bras pour s'occuper de la sécurité de son colloque du 11 mars 2009[1] en présence de Nicolas Sarkozy au cercle de l'École militaire. Vendôme Sécurité a pourtant été l'employeur de Maxime Brunerie, le militant identitaire qui avait tenté d'assassiner Jacques Chirac. Un détail qui a visiblement échappé aux experts de la DPSD (Direction de la protection et de la sécurité de la défense)… Mais Loustau est aussi un « fournisseur » de la mairie de Paris : Vendôme Sécurité s'occupe ainsi de la sécurité d'un certain nombre d'établissements publics dépendant de la Ville de Paris, comme le 104 et le théâtre du Rond-Point, où la gauche vient se cultiver grâce à l'ardeur de Jean-Michel Ribes. Candidat du Front national dans les Hauts-de-Seine[2] en 1997, Axel Loustau loue ses gros bras au FN pour ses manifestations, meetings et rassemblements, dont celui du 1er mai 2013 à Paris. Car Loustau n'a en rien oublié ses origines gudardes. Il a ainsi participé à la plupart des débordements en marge des rassemblements contre le mariage pour tous. Il a même été interpellé le 23 avril lors d'affrontements avec la police devant l'Assemblée nationale.

1. *Le Canard enchaîné* du 12 mars 2009.
2. Il navigue aussi avec son copain Chatillon au sein de la mouvance identitaire.

Du même acabit que Chatillon, Loustau ou Péninque, il reste aussi des identitaires dans le premier cercle des marinistes. Parmi eux, un certain Bouchet, ex-secrétaire général de la Troisième Voie de Serge Ayoub, candidat investi par le FN à Nantes pour les municipales. Qui dit que tous ces grands démocrates ne feraient pas revenir leurs amis en cas de victoire de « Marine » aux législatives ou aux présidentielles ?

Voyant le vent de la mode souffler vers l'extrême droite de l'extrême droite, tous espèrent jouir de leur quart d'heure de célébrité. Tout l'échiquier politique semble pris de frénésie et tremble devant la lepénisation généralisée des esprits. La complaisance qui entoure cette progression est significative de la désolation qui règne dans les esprits français. Elle nous place en situation de faiblesse pour jouer les atouts qui sont ceux d'un pays où la création et l'action l'emportent encore sur la régression et la paralysie.

CONCLUSION

Au moment où je termine ce livre, une fillette très « comme il faut » criait en riant sur le passage de la garde des Sceaux Christiane Taubira : « La guenon, mange ta banane ! », tandis qu'un autre enfant brandissait une peau de ce fruit devant des parents hilares agitant des drapeaux de la Manif pour tous et hurlant : « Taubira, casse-toi ! »

Interrogée, une dame très bien, vraiment très bien, déclarait sur une radio : « C'est une petite fille de 12 ans, il n'y a pas de quoi en faire toute une histoire… » L'hebdomadaire d'extrême droite *Minute* en fait quelques jours plus tard son histoire. Titre de une : « Maligne comme un singe, Taubira retrouve la banane. »

Voilà où nous en sommes. Certes, ce livre ne donne pas une recette clés en main pour faire agir un gouvernement conscient de la gravité du problème et tiraillé entre la prévention d'actions violentes et la liberté d'activité politique. Mais il permet de distinguer une mouvance néonazie des autres matrices catholiques et nationalistes de l'extrême droite. Cela ne veut pas dire que chacune d'elles fonctionne en circuit fermé. Il existe des passerelles, des ponts entre la fachosphère et le FN. Mais chacun conserve son socle idéologique. De même, la droite ne saurait être confondue avec les Soral, Dieudonné et autres Ayoub, mais sa difficulté à marquer ses condamnations en période de crise rend son discours moins audible et le recouvre d'un soupçon permanent de complicité. Le travail du journaliste consiste à repérer les acteurs de notre vie publique et distinguer entre eux. Il est dangereux de faire croire que, dans notre pays, tout se résume à des oppositions binaires entre juifs et musulmans, Blancs et Noirs, et qu'une communauté de mémoire soit construite pour écraser les autres. La République représente justement cet élan pour vivre ensemble sans exclusive.

Le plus inquiétant est que nombre d'intellectuels continuent de nier la progression en cours des préjugés radicaux. Ils refusent de penser l'extrême droite de l'extrême droite pour ne pas avoir à contrer ses ambitions, par peur ou par complaisance. Quelle violence quand, dans un tribunal, Joss, un des gardes du corps de Dieudonné me lâche entre deux phrases : « Attention, Haziza ! Tais-toi ! Tu sais ce que nous, les Noirs, on peut faire à ta femme ? » Garder son calme est difficile, car parmi les sectateurs de ce nazisme d'un nouveau genre, les passages à l'acte sont fréquents. Et pourtant, il ne faut pas baisser les bras.

Un an après le lancement de la campagne de Soral, je continue à recevoir quotidiennement des tweets toujours aussi sympathiques et bien intentionnés. Je retiens celui-ci, arrivé sur mon compte Twitter alors que je m'apprêtais à partir en voyage, et dont l'origine anonyme, le ton, laissent peser une sourde menace : « Au fait, comment va ton fils ? » Il va bien, merci… Mais, soudain, cela fait froid dans le dos.

REMERCIEMENTS

Ce livre n'aurait pas été possible sans l'aide de personnalités éminentes qui ont accepté de me parler et, en particulier, le président de la République François Hollande et le Premier ministre Jean-Marc Ayrault. Par-delà les désaccords, que tous soient remerciés : Martine Aubry, Robert Badinter, Claude Bartolone, Nora Berra, Xavier Bertrand, Jean-François Carenco, Bernard Cazeneuve, Michel Charasse, Jean-Pierre Chevènement, Claude Chirac, Jean-François Copé, Patrick Devedjian, Anne Hidalgo, Brice Hortefeux, Christian Jacob, Nathalie Kosciusko-Morizet, François Lamy, Bruno Le Maire, Cédric Lewandowski, Alain Madelin, Charles Pasqua, Vincent Peillon, Ségolène Royal, Frédéric Salat-Baroux, Manuel Valls, Renaud Vedel. Merci aussi à Marine Le Pen et Louis Aliot.

Une pensée spéciale pour Frédéric Chatillon, Rodolphe Crevelle, Philippe Péninque et Axel Loustau qui m'ont aidé à mieux connaître la fachosphère.

La sincérité et l'attention de plusieurs témoins et spécialistes ont été indispensables : Yves Baudelot, Jérôme

Cahuzac, Jean-Yves Camus, Jean-Paul Enthoven, Marc-Olivier Fogiel, Caroline Fourest, Gilles-William Goldnadel, Thierry Guillot-Noël, Ruth Halimi, Valérie Igounet, Alain Jakubowicz, Anne-Sophie Lapix, Bernard-Henri Lévy, Stéphane Lilti, Marc Knobel, Cindy Léoni, Patrick Maisonneuve, Eliahou Nataf, Claudine Ripert, Élie Semoun, Ariel Wizman. Qu'ils reçoivent l'expression de ma gratitude, ainsi que ceux de mes amis qui ont bien voulu par leurs discussions ou leur lecture attentive me soutenir dans cette aventure : Nicolas Brimo, Frédéric Dumoulin, Éric Emptaz, David Fontaine, Didier Hassoux, Richard Malka, Marie-Ève Malouines, Christophe Nobili, Jean-Baptiste Predali, Brigitte Rossigneux, Dominique Simonnot.

J'ai eu la chance d'avoir de précieux relecteurs. Merci à Fabrice d'Almeida, Michel Gaillard, Sophie Kucoyanis. Un mot enfin pour mes proches qui ont été mobilisés dans cette épreuve et notamment à Béatrice Benabbes et David Haziza.

TABLE DES MATIÈRES

Cet ouvrage a été imprimé en France par
CPI Bussière
à Saint-Amand-Montrond (Cher)
en décembre 2013

Photocomposition Nord Compo
Villeneuve-d'Ascq

Pour l'éditeur, le principe est d'utiliser des papiers composés de fibres naturelles, renouvelables, recyclables et fabriquées à partir de bois issu de forêts qui adoptent un système d'aménagement durable.

En outre, l'éditeur attend de ses fournisseurs de papier qu'ils s'inscrivent dans une démarche de certification environnementale reconnue.

36-57-4692-4/01

Dépôt légal : janvier 2014.
N° d'impression : 2006979.